Welpen verstehen leicht gemacht

Los, spiel mit mir!

Der kleine Springer Spaniel hüpft um den Wuschelhund herum und bellt. Dabei zieht er allerhand Grimassen, er macht ein „Spielgesicht", um den Kumpel zum Spielen aufzufordern.

Huch, was ist das?

Als typischer „Wasserhund" wird der junge Labrador nicht lange zögern. Kleine Hunde müssen in den ersten Lebensmonaten noch allerhand kennen lernen, um im späteren Hundeleben ihrer Umwelt sicher zu begegnen.

Hundemüde

Welpen werden ganz plötzlich hundemüde. Sie brauchen auch viel Schlaf, um die ganzen Eindrücke zu verarbeiten und neue Energien für neue Taten zu sammeln.

Geruchskontrolle

Die beiden Erwachsenen nehmen den Welpen unter die Lupe. Das ist ihm ziemlich unheimlich und er macht sich klein und lässt die Rute hängen.

Fang mich!

Zu den beliebtesten Hundespielen gehört Fangen. Einer rast los, der andere nimmt die Verfolgung auf. Hat er ihn, wird ein wenig gebalgt und dann geht es wieder los, manchmal in umgekehrter Reihenfolge.

Jipieh, spazieren gehen!

Welpen sind noch ziemlich ungestüm, wenn sie sich freuen. Da wird gehüpft, gezogen und gezerrt. Achten Sie darauf, dass sich Ihr Welpe nicht übernimmt, denn seine Gelenke vertragen weniger Aktivität, als er gern möchte.

Klein mit Hut

Die Begutachtung wird intensiviert. Der Kleine legt sich auf den Rücken, zeigt seinen Bauch und signalisiert so seine Unterlegenheit. Der erwachsene Hund wird gleich von ihm ablassen, wenn er den Umgang mit Welpen gewöhnt ist.

Nicht zu fest

Welpen lernen auch im Spiel, wie stark sie ihre Zähne einsetzen dürfen. Beißen sie zu kräftig, jault der Gebissene auf und wehrt sich oder hat keine Lust mehr zum Spielen. Beim nächsten Mal wird vorsichtiger gezwickt.

Ausgrabungen

Hunde sind große Buddel-Fans. Mauselöcher und Maulwurfshügel laden zu größeren Ausgrabungen ein und es wird gewühlt, was das Zeug hält. Mit etwas Glück stößt er dabei auf ein leckeres Mäusenest.

Inhalt

1 Auswählen und eingewöhnen 6

Bereit für einen Welpen?
Vom Glück, Ihr Hund zu sein 8

Passt ein Hund in Ihr Leben?
Rex and the City 10

So finden Sie Ihren Traumhund
Der Passende ist der Beste 12

DEN Familienhund gibt es nicht
Vom Umtausch ausgeschlossen 14

Extra
Hunde-Anzeigen und was dahinter steckt 16

Was einen guten Züchter auszeichnet
Die optimale Welpenstube 18

Ihr Welpe ist noch beim Züchter, aber:
Das Abenteuer Hund beginnt 20

Vorbereiten für die Ankunft
Nehmen Sie sich Zeit 22

Jetzt holen Sie Ihren Schatz zu sich
Nestwärme vom ersten Tag an 24

Für KIDS
Jetzt bist Du sein bester Freund 26

Vom Eingewöhnen zum Alltag
Pudelwohl in 30 Tagen 28

Auf einen Blick
Grundausstattung für Welpen 30

2

Ernähren und pflegen 32

Lecker und gesund ernähren
Was Welpen wollen 34

Fertignahrung, aber richtig
Im Dschungel der Futtervielfalt 36

Extra
Das Fertigfutter-ABC 38

Selbst kochen – gewusst wie!
Frisch unter den Tisch 40

Erfüllen Sie Hundeträume
Nahrung für die Seele 42

Keine Angst vorm Impfen
Kleiner Pieks mit großer Wirkung 44

Ist er auch gesund, Ihr Hund?
Krankheiten erkennen 46

Ungebetene Gäste im Haus
Zecke, Floh und Co. 48

Fellpflege mit Schmusecharakter
Kämmen auf die sanfte Tour 50

Auf einen Blick
Mein Pflegeplan 52

3

Erziehen und beschäftigen 54

So klein und schon eine Persönlichkeit
Rabauke oder Seelchen? 56

Die ersten Ausflüge ins Grüne
Spazieren im Schongang 58

Extra
Stubenrein in 8 Schritten 60

Kleine Erziehungsgrundsätze
Lieben, loben, locker bleiben 62

Was Welpen können müssen
Sitz, Platz, Komm und Bleib 64

Rücksicht nehmen
Stadtfein muss sein! 66

Auf einen Blick
Verstehen und Erziehen 68

Service 70

Impressum	70
Register	71
Zum Weiterlesen	72
Nützliche Adressen	72

1

Auswählen & eingewöhnen

Vom Glück, Ihr Hund zu sein	**8**
So finden Sie Ihren Traumhund	**12**
Das Abenteuer Hund beginnt	**18**

Für KIDS **Jetzt bist Du sein bester Freund** **26**

Auf einen Blick

Grundausstattung **30**

Bereit für einen Welpen?
Vom Glück, Ihr Hund zu sein

Sie wollen einen Hund? Sie brauchen ihn zu Ihrem Glück? Das kann nur gutgehen, wenn Sie Ihrem Hund auch das geben, was er zu seinem Hundeglück braucht: nämlich Verständnis, Zeit und Zuwendung.

Was Hunde wirklich wollen

Denn das Wichtigste im Leben Ihres Hundes sind Sie. Er braucht Ihre Fürsorge. Er möchte ständig mit Ihnen zusammen sein und schenkt Ihnen sein Vertrauen, das Sie nicht missbrauchen dürfen.

Vertrauen von Anfang an: Der Welpe sucht Geborgenheit und schließt sich dem Menschen ganz und gar an.

Für Sie lässt er jeden stehen

Für Sie lässt er letztlich jeden noch so duften Hund stehen, von kleinen vorübergehenden Ausnahmen einmal abgesehen. Auch die besonders gut duftenden Hündinnen sind nur kurzfristig interessant. Nach getaner Arbeit in Sachen Fortpflanzung kommt ein Rüde immer wieder zurück, denn ein Hund verlässt sein Rudel nicht.

Ist noch Platz in Ihrem Rudel?

Wir sind deshalb in der Verantwortung, und wir sollten uns nur dann einen Hund zulegen, wenn wir bereit sind, ihn als vollwertiges Mitglied in unser Rudel aufzunehmen und seine Begabungen und Interessen ernst zu nehmen. Auch wenn Sie alleinstehend sind, werden Sie von Ihrem Hund als Rudelführer angesehen, wenn Sie alles richtig machen.

Lieben Sie auch einen Versager?

Vielleicht sind Sie von der Idee, mit Ihrem Hund zum Agility oder Ähnlichem gehen zu wollen, so beseelt, dass Sie noch gar nicht in Betracht gezogen haben, dass es auch Hunde gibt, die sich nicht dafür eignen, aus welchen Gründen auch immer. Würden Sie Ihren „Versager" auch dann noch wollen und ihn lieben, bis ans Ende seiner Tage, auch wenn er Ihre sportlichen Interessen nicht teilt?

Kinder und Hunde sind ein tolles Team, wenn sie unbeschwert zusammen aufwachsen dürfen.

Die Verantwortung liegt immer bei Ihnen

„Der Kinder zuliebe" steht am Anfang vielen Hundeelends, denn die meisten Eltern überschätzen das Verantwortungsbewusstsein ihrer Kinder, auch der schon größeren. Drohen Sie, dass der Hund bei ungenügender Pflege wieder abgegeben wird, macht das den Hund zum Spielball der Erziehungsarbeit. Das ist dem Tier gegenüber unfair und es zeigt schon von vornherein die falsche Einstellung gegenüber der Tierhaltung. Wer so denkt, sollte einem Kind lieber keinen Hund schenken.

Nur so stehen die Chancen gut

Nur wenn Sie als Eltern die Verantwortung für das Wohl Ihres Hundes von Anfang an bereitwillig und gern übernehmen, hat er die Chance auf ein gutes Hundeleben, und nur dann wird er Ihren Kindern ein geliebtes, wichtiges Familienmitglied werden. Die vielen tausend ausgesetzten und in Tierheime abgeschobenen Hunde sprechen eine deutliche Sprache: Wir Menschen sind der Unsicherheitsfaktor in der Beziehung Mensch-Hund.

> → **Er hält zu uns**
> Ein Hund hält vorbehaltlos zu uns. Dabei ist ihm egal, ob wir reich oder arm, hübsch oder hässlich, alt oder jung sind. Ein Hund würde seinen Menschen nie aussetzen…

Sind Sie Welpen-fit?   *Test*

Die folgenden Fragen sollten Sie in Ruhe bedenken und nach bestem Wissen und Gewissen beantworten.

☐ **Bin ich dem Bewegungsbedürfnis des Hundes gewachsen?**

☐ **Kann er seine Begabungen bei mir ausleben?**

☐ **Habe ich die Kraft, ihn in einer Extremsituation festzuhalten?**

☐ **Passt seine Größe für die Kinder? Denn die möchten ihn auch an der Leine führen.**

☐ **Machen mir gelegentlich herumfliegende Haare und Schmutztapsen nichts aus?**

☐ **Habe ich Lust, meinen Hund seinem Typ entsprechend zu pflegen?**

☐ **Passt er in mein Auto?**

☐ **Reicht das Geld für alle regelmäßigen Kosten? (Hundesteuer, Futter, Tierhalterhaftpflichtversicherung, Tierarzt mit Impfungen, Unvorhergesehenes)**

☐ **Reagiert auch kein Familienmitglied allergisch auf Hundehaare?**

Haben Sie alle Fragen mit „Ja" beantwortet? Prima, dann sind Sie reif für einen Welpen.

Vom Glück, Ihr Hund zu sein

Passt ein Hund in Ihr Leben?
Rex and the City

Ein Haus mit gut umzäuntem Garten ist für die Hundehaltung ideal. Hier kann Hund rennen, spielen oder die widerborstige Beute zerrupfen.

Achtung Allergie: Leben in Ihrem Haushalt Menschen, die auf verschiedene Umweltreize allergisch reagieren? Dann ist leider die Wahrscheinlichkeit groß, dass sie auch eine Überempfindlichkeit gegen den Hund (Speichel, Hautschuppen, Haare) entwickeln.

Das Ideal wäre ein Häuschen mit Öko-Garten, dessen Wildwuchs nicht so schnell zu ruinieren ist, auch dann nicht, wenn der Hund sich mit Knochenarbeit gewissen Ausgrabungsaktivitäten hingibt. Hinter diesem Ökogarten könnte gleich ein ausgedehntes Hundeauslaufgebiet mit kilometerlangen Wanderwegen beginnen.

Hundefreundliche Nachbarschaft?

Aber wer wohnt schon so? Viel eher lebt jemand nebenan, der sich am Hundegebell stört. Möglicherweise gibt es überhaupt keinen Hundefreund in der Nachbarschaft, der im Bedarfsfall Ihren Hund sitten würde. Wenn Sie in einem Mehrfamilienhaus wohnen, klären Sie auf alle Fälle vor der Anschaffung des Hundes, wie Vermieter, Miteigner und Ihre direkten Wand-an-Wand-Nachbarn dazu stehen. Die Rechtsprechung der letzten Jahre sieht zwar die Haltung eines „normalen" Hundes als Grundbedürfnis des Menschen an, das man ihm nicht einfach verbieten kann. Aber darauf können Sie sich nicht verlassen, denn die Richter entscheiden im Einzelfall fast immer gegen den Hundehalter, wenn es sich um einen „Listenhund" handelt.

Hunde und die Gesetze

Sie ersparen sich viel Ärger, wenn Sie von Anfang an grünes Licht für Ihren Vierbeiner bekommen. Informieren Sie sich rechtzeitig, welche Hundeverordnung in ihrem Bundesland gilt und welche Rassen darin als gefährlich eingestuft werden und verschärften Haltungsbedingungen wie Maulkorb- und Leinenzwang unterliegen. Meist bestehen weitere Bestimmungen für solche Hunde, die die Haltung erschweren: Sehr hohe Steuern und Versicherungsbeiträge, Verbot der Haltung in Mehrfamilienhäusern, Verbot der Mitnahme in öffentlichen Verkehrsmitteln usw. Manchmal besteht die Möglichkeit, sich und den Hund von einigen Auflagen zu befreien, wenn der Hund einem Wesenstest unterzogen wird und ihn besteht.

Kein Hund nur für gewisse Minuten

Führen Sie vor dem Kauf einige Wochen lang Buch über Ihre Aktivitäten und den dafür nötigen Zeitaufwand. Bleibt Ihnen genügend Zeit für einen Hund? Wenn ja, haben Sie auch Lust, in der verbleibenden Zeit etwas mit ihm zu unternehmen, sich zu bewegen, auf den Hundeplatz zu gehen, ihn zu erziehen und mit ihm zu spielen, bevor sie gemeinsam auf dem Sofa abschlaffen?

Die Sache mit dem Urlaub

Den Hund mitzunehmen ist eine ungemein verbindende Sache. Wenn es jedoch nicht geht, soll die „schönste Zeit des Jahres" für Ihren Hund nicht zur Qual werden. Deshalb sollten Sie sich rechtzeitig um eine private Unterbringung bemühen, am besten bei hundeerfahrenen Freunden, die Ihren Hund gut kennen.

Hundesitter zur Auswahl

Sie brauchen mindestens drei bereitwillige Hundesitter im Bekanntenkreis, damit hoffentlich einer Zeit hat, wenn Sie verreisen. Jede noch so gut geführte Pension bedeutet für Ihren Hund Kummer und Stress. Es ist irreführend, wenn ein Hundehotel „Erholsame Ferien für Ihren Hund" verspricht. Kein Hund findet es erholsam und gut, wenn er getrennt von Ihnen verwahrt wird. Sie können ihm nicht verständlich machen, dass Sie ihn wiederholen. Andererseits sollte man für einen Urlaub keinem Hund den Stress zumuten, den der Transport in einer Box im Gepäckraum des Flugzeugs bedeutet.

> → **Unsicher geworden?**
> Bekommen Sie ein flaues Gefühl im Magen, wenn Sie all diese Bedenken gelesen und darüber nachgedacht haben? Dann verzichten Sie lieber auf einen Hund. Vielleicht ist eine Katze eher etwas für Sie, oder Sie müssen erst noch ein paar Dinge in Ihrem Leben regeln, bevor Ihr Hund einziehen kann. Vielleicht ist ein späterer Zeitpunkt mit anderen Lebensumständen günstiger für Sie und den Hund.

Urlaub? Er mag Reiseziele, die Hunde willkommen heißen und zu denen er bequem gelangen kann.

Gerade junge Hunde haben noch allerhand Flausen im Kopf. Der englische Rasen kann schon mal umgegraben werden.

So finden Sie Ihren Traumhund
Der Passende ist der Beste

Der Hund muss uns nehmen, wie wir sind: Geld gegen Ware Hund, und damit ist er uns auf Gedeih und leider allzu oft auch auf Verderb ausgeliefert. Horchen Sie zunächst einmal in sich hinein, zu welchem Typ Hund es Sie hinzieht: zum kernigen Wuschel im einmaligen Mischlingslook, zum windschnittigen, muskulösen Sportlertyp oder eher zum im Seidenfell tänzelnden, grazilen Softie mit Aristokratenflair; zum Winzling oder zum Koloss?

nen Hunden, denn auch der niedlichste Welpe ist nach etwa einem Jahr ein erwachsener Hund! Über Rassehundvereine und Hundeübungsplätze oder Ausstellungen lassen sich schnell Kontakte knüpfen. Machen Sie Spaziergänge mit, und beobachten Sie den Hund genau: Liegt Ihnen das Temperament, sein Umgang mit anderen Hunden und Mitmenschen? Wie verhält er sich Kindern gegenüber? Mögen Sie seine Stimme, oder nervt Sie sein Kläffen?

Ob Rassehund oder Mischling, Schoßhund oder Riese: die Auswahl ist riesig. Gehen Sie nicht nur nach dem Aussehen, das Wesen des Hundes muss zu Ihnen passen.

Rassehund oder Mischling?
Sie haben die Wahl zwischen vielen hundert Rassen und dazu noch unter den verschiedensten Mischlingen. Es gibt viele Bücher, in denen die Rassen mit Foto und Text vorgestellt werden. Für eine erste Information sind sie gut, aber dann sollten Sie eine reale Begegnung mit Hunden der favorisierten Rasse suchen, und zwar mit erwachse-

Größe hängt von der Umgebung ab
Was draußen auf der Wiese elegant aussieht, kann Ihnen in der Wohnung wie der Elefant im Porzellanladen vorkommen. Besuchen Sie Ihre Wunschrasse deshalb auch im Haus oder noch besser: Laden Sie den Halter mit dem Hund Ihrer Traumrasse zu sich ein! Ist der Hund Ihnen auf einmal viel zu groß?

Der Parson Russell Terrier gilt als Raubein mit unwiderstehlichem Charme.

Der Schäferhund zählt nach wie vor zu den beliebtesten Rassen. Er gilt als guter Wächter und braucht Aufgaben.

Auswählen und eingewöhnen

Hundegeruch kann unangenehm sein

Können Sie Ihren Wunschhund gut riechen, auch nach einem Regenspaziergang oder einem Bad im See? Bewacht der Hund, der unterwegs so harmlos auftrat, die eigenen vier Wände mit bedrohlicher Ernsthaftigkeit?
Sie merken schon: Ein Hund ist mehr als sein Äußeres. Natürlich spielen bei jedem erwachsenen Hund Anlagen und Erziehung zusammen, deshalb ist es sinnvoll, verschiedene Hunde der Wunschrassen zu erleben. Das ist Ihnen alles viel zu zeitaufwendig? Dann lassen Sie lieber die Finger vom Hund!

Sie sind sein ganzes Leben

Für Sie ist der Hund zwar nur ein „Lebensabschnittspartner", für Ihren Hund aber sollten Sie ein zuverlässiger Lebenspartner sein, und dazu können Sie durch sorgfältiges Kennenlernen der Rasseeigenarten vor der Entscheidung für einen bestimmten Hund wesentlich beitragen. Denn Sie sollten als Team über Jahre hinweg zusammenpassen. Bei Mischlingen sollten Sie sich über die Ausgangsrassen – soweit bekannt – informieren.

Rüde oder Hündin?

Möglichst bevor Sie inmitten von unwiderstehlichen Welpen sitzen und Ihr Gefühl über den Verstand siegt, sollten Sie wissen, ob Sie einen Rüden oder eine Hündin wollen.

→ Rüden sind kräftiger, oftmals rauflustiger gegenüber Geschlechtsgenossen. Sie zeigen manchmal auch Dominanzbestrebungen gegenüber ihren Menschen. Ihr Aktionsradius ist größer und oft legen sie störende sexuelle Aktivitäten an den Tag wie Aufreiten auf Arme und Beine.

→ Hündinnen gelten hingegen als zierlicher und leichter erziehbar als Rüden. Sie haben ein größeres Zuwendungsbedürfnis, brauchen verstärkte Aufsicht während der Läufigkeiten (zweimal im Jahr drei Wochen) und sind danach oft monatelang träge und lustlos aufgrund der Scheinträchtigkeit. Insbesondere bei großen Rassen ist eine Hündin für den Anfänger der geeignetere Hund. Die Belästigung durch die Läufigkeit wird meines Erachtens überschätzt. Bei Hündinnen ist eine Kastration aufwendiger.

Springer Spaniel sind freundliche Gesellen, der Wildspur aber keineswegs abgeneigt.

Retrieverrassen wie Golden und Labrador sind als Familienhunde stark in Mode gekommen.

> → **Was ist ein Welpentest?**
> Züchter können einen Welpentest durchführen lassen. Dazu kommt eine Person, die den Welpen bislang unbekannt ist, und beobachtet jeden einzelnen Hund, wie er in bestimmten Situationen reagiert. Dadurch versucht man, das Neugierverhalten, die Selbstsicherheit und die Unterwerfungsbereitschaft zu erkennen.

Der Passende ist der Beste

DEN Familienhund gibt es nicht
Vom Umtausch ausgeschlossen

Seit einigen Jahren ist der „Familienhund" in Mode gekommen und wenn Sie die Verkaufsanzeigen für Hunde aufmerksam lesen, werden Sie staunen: Jede beliebige Rasse ist da ein Familienhund und sogar ein „idealer". werbung kritischer gesehen als die Werbung für das Lebewesen Hund. Und dabei kann man sein Waschmittel jederzeit wechseln; für seinen Hund geht man eine Verpflichtung für ca. 10 bis 15 Jahre ein!

Der ideale Familienhund ist ein Menschenfreund, der gern mit Kindern spielt, ohne grob zu werden, sich streicheln und mit sich schmusen lässt.

Lassen Sie sich von solchen Anzeigen nicht auf die Schippe nehmen. Was für Sie ein idealer Familienhund ist, können nur Sie selbst wissen.

Irreführende Werbung

Wer blind darauf vertraut, dass die angepriesene Rasse mit dem Titel „Familienhund" tatsächlich optimal zu ihm passt, ärgert sich vielleicht Jahre lang über diesen Fehler. Offenbar wird jede Waschmittel- oder Zigaretten-

Scharfer Wachhund

Der eine Anbieter wirbt mit dem „Familienhund" und hat einen Wächtertyp zu bieten, der nur seine Familie liebt und ihr vertraut, der sie vehement gegen „den Rest der Welt" verteidigt und am liebsten gar keinen Besucher reinlassen würde... und wenn schon rein, dann nicht wieder raus! Ein Hund, der seine Besitzer liebt, ist zwar toll, doch wenn nur der Hund entscheidet, wer in das Haus darf, wird es ziemlich einsam.

Hans Dampf in allen Gassen

Der Nächste bezeichnet seine Hunde als Familienhunde, weil sie kernige, verspielte Mitmachertypen sind: Immer gern in Aktion, immer gern dabei und von einer kindgemäßen Größe. Sie lassen kein Spiel aus – je wilder umso besser. Andererseits sind sie aber auch Raubeine, die keiner Rauferei mit Artgenossen aus dem Wege gehen, ganz egal ob es sich um kleine oder große Hunde handelt. Und: Jeder Wildduft lockt sie vom rechten Weg weg.

→ Hunde, die in Mode kommen

Die Retriever wurden lange Zeit zu Recht als ideale Familienhunde bezeichnet. Seit sie in Mode gekommen sind und wie wild gezüchtet werden, gehen sie leider gesundheitlich und vom Wesen her mehr und mehr vor die Hunde. Viele landen im Tierheim, weil sie eben doch Hunde wie andere sind und ohne jede Erziehung nicht zum Traumhund werden, sondern selbst das Kommando in die Pfote nehmen.

Einen Modehund zu wählen, ohne seine speziellen Neigungen und Schwächen zu kennen, bringt schnell Probleme mit sich. Border Collies möchten hüten ohne Wenn und Aber, Schlittenhunde wollen rennen und vertragen keine Hitze, Westies müssen getrimmt werden, Jack Russel Terrier sind Jagdhunde, Berner Sennenhunde haben's oft mit den Gelenken – all das muss man bedenken.

Wahre Menschenfreunde

Ja, und dann bezeichnen auch die ihre Hunde als ideale Familienhunde, die es auch wirklich sind: Nämlich Hunde, die Menschenfreunde schlechthin sind und auch jedem Fremden ohne Misstrauen freundlich entgegengehen, gleichzeitig Hunde, die bis ins Alter verspielt und heiter bleiben. Hunde mit Gelassenheit und Selbstvertrauen und – und das halte ich für das Allerwichtigste! – Hunde, die sich von ihrer Veranlagung her zu jedem zappeligen, quiekenden Kleinkind hingezogen fühlen, und die auch bereitwillig „ihren" Menschenkindern als Kuschelpartner und Kopfkissen dienen und schon mal ihr Ohr als Schmusetüchlein benutzen lassen.

Langweiliger Koloss

Wieder ein anderer hält seine zentnerschweren Brocken für tolle Familienhunde, weil diese gutmütigen Burschen nicht so schnell aus der Fassung geraten und die Kinder ohne Protest auf sich herumturnen lassen. Andererseits haben sie jedoch wenig Spiellust und lassen sich nur schwer zum Mitmachen motivieren. Wenn ihnen danach ist, machen sie mit dem Kind, das sie an der Leine hat, was sie wollen.

Ihre Bedürfnisse erkennen

Bedenken Sie, dass jede Rassebeschreibung eine mehr oder weniger geschönte Werbung für genau diese Rasse sein kann. Für viele Züchter gibt es nur diese eine Rasse, und sie sind blind für ihre Nachteile. Bilden Sie sich nicht ein, durch Erziehung jeden Welpen zum idealen Familienhund hinzubiegen: Nicht nur das Äußere ist durch Anlagen vorprogrammiert – auch die Anlagen für bestimmte Verhaltensweisen sind es.

EXTRA
Hunde-Anzeigen und was dahintersteckt

Bitte vergewissern Sie sich genau, dass Sie nicht einem clever getarnten Hundehandel auf den Leim gehen. Moderne Hundehändler bezeichnen ihr Unternehmen gern als Tierheim oder Hundepension und locken so gutgläubige Tierfreunde an. Achtung: In echten Tierheimen gibt es viele ältere Hunde und nur vereinzelt Welpen.

Was Anzeigen verraten

Skrupelloser Geschäftemacher

> Hunde direkt vom Züchter, Lang- und Rauhaardackel, Cocker-Spaniel aller Farben, Klein- u. Zwergpudel, Collie, Dobermann, Bernhardiner, Boxer, Irish-Setter, Schäferhund u. andere Rassen, gesunde und gepflegte Tiere...

Hier wird skrupellos Massenproduktion aus Profitgründen betrieben. In Käfigen, Kisten oder alten Schweinekoben wachsen die Welpen ohne prägende positive Menschenerfahrungen und ohne fördernde Umwelt auf. Fast zwangsläufig entstehen Tiere, die krank an Körper und Seele sind. Unterstützen Sie diese Tierquälerei nicht durch den Kauf eines Welpen. Für jedes Kerlchen, das Sie „retten", werden andere nachproduziert, oft auch aus den östlichen Nachbarländern aufgekauft.

Typischer Modehund-Züchter

> Weiße Golden Retriever-Hündin aus der Eduscho-Werbung, 1 J., aus 1-A-Zucht, in allerbeste Hände zu verkaufen; Tel. So ab 17 Uhr...

Ein typischer Modehund-Züchter, der nur die Rassen züchtet, die gefragt sind und so den meisten Profit abwerfen.

Tierquäler

> *Boxer-Welpen, vollkupiert, importiert, ohne Pap. zu verk., Tel....*

Das Zurechtschneiden der Ohren und Schwänze ist in Deutschland seit Jahren verboten. Diese armen verstümmelten Hunde haben den Umweg übers Ausland zu einem Ohren- und Rutenabschneider machen müssen.

Hundehandel

Goldige Hundekinder
> Die fast tägl. tierärztl. Betreuung, pünktl. Impf. u. Entwurm. etc. bieten gr. Sicherheit f. unsere Hunde und die künftigen Besitzer. Die tierärztl. Grunduntersuchung u. ggf. Behandlung nach Übern. ist in allen Preisen enthalten. Wir haben lfd. süße Mischlings- und Rassewelpen, aber auch ältere Hunde. Rufen Sie uns an...

Auch wenn es seriös klingt: Es handelt sich um Hundehandel großen Stils, verkaufsstrategisch geschickt verpackt. Mit dem Hinweis auf den Tierarzt möchte man der Befürchtung entgegentreten, dass kranke Tiere verkauft werden. Gesunde Welpen brauchen den Tierarzt aber nur zum Impfen! Nur sehr kranke Tiere brauchen fast täglich den Tierarzt.

Problem-Tier

Weißer Schweizer Schäferhund, Langhaar, 2 J., ängstl., i. gut Hd. abzug., Schutzgeb. 500,–; Tel. …

Hier wird ein Problemhund angeboten. Ängstliche Hunde fassen oft nur langsam Vertrauen und können schnell zu Angstbeißern werden.

Verantwortungslos

2 gestromte Boxerhündinnen + 1 gold. Hund, m. Pap., geimpft, 2 Mon. alt, sof. zum Mitnehmen. Tel. …

Der Hund gleich zum Mitnehmen: Das will kein verantwortungsvoller Züchter.

Secondhand-Hund

Irish-Setter-Hündin, 2 J., k. Kleinkinder, Tierschutz Musterstadt, Tel. …

Wahrscheinlich beim Tierheim abgegeben mit dem Hinweis: „Sie hat unser Kind gebissen." Möglicherweise war das aber nur ein Vorwand, um den lästig gewordenen Hund abzugeben.

Scharfer Wachhund

Schäferhund, 4 1/2 Jahre, k. Kinder, sehr guter Wachhund, Pr. Vhs., Tel. …

Wehe, wenn so ein Wachhund, der keine Kinder mag, unbeaufsichtigt loskommt.

Das seriöse Angebot sieht so aus

Kuvasz „v. Schloss Bräke" (VDH) Wir erwarten Ende Oktober einen Wurf Kuvaszwelpen. Möchten Sie „Ihren" Welpen im Alter von 2–3 Wochen kennen lernen und bis zur Übernahme regelmäßig besuchen? In uns haben Sie auch nach der Übernahme „Ihres" Welpen jederzeit einen Ansprechpartner für alle Fragen rund um den Hund. Besucher sind uns jederzeit willkommen.

So oder ähnlich sollte die Anzeige eines guten Züchters aussehen: rechtzeitige Information des Interessenten, die Bereitschaft, Einblicke in die Aufzucht zu gewähren und Verantwortung auch nach Abgabe der Welpen. Nicht erwähnt, aber fast selbstverständlich ist, dass solche Welpen mit engem Menschenkontakt aufwachsen.

Hunde-Anzeigen und was dahinter steckt

Was einen guten Züchter auszeichnet
Die optimale Welpenstube

Wenn Sie sich für einen Rassewelpen entscheiden, dann suchen Sie sich einen seriösen Züchter und sparen Sie nicht am falschen Ende! Es zahlt sich in vieler Hinsicht aus, einen sorgfältig aufgezogenen, körperlich und psychisch gesunden Welpen zu kaufen.

Darauf sollten Sie achten
Nehmen Sie nur einen Welpen, der die ersten Wochen seines Lebens mit liebe- und verantwortungsvollen Menschen verbringen durfte. Solche Züchter sind gar nicht so leicht zu finden und es könnte sein, dass Sie auf den nächsten Wurf warten oder eine längere Autofahrt in Kauf nehmen müssen. Auch das lohnt sich. Seien Sie nicht überrascht, wenn der Züchter Sie auf Herz und Nieren prüft.

Wesensstark durch liebevolle Aufzucht
Wichtig ist, dass die Welpen von Anfang an im Wohnbereich der Züchter leben und spätestens bis zur 12. Lebenswoche ein festes Grundvertrauen zum Menschen entwickeln, weil mit ihnen geredet und geschmust wird und sie den Menschen als verlässlichen Sozialpartner kennen lernen.

Erlebniswelt macht die Welpen schlau
Welpen brauchen Anregungen. Achten Sie daher darauf, dass sie einen Auslauf haben, der ihrem Erlebnishunger ausreichend Nahrung bietet und sowohl ihre Neugier als auch ihren Spieltrieb befriedigt.

Für hundeunerfahrene Familien ist es das Beste, sich gezielt einen Welpen aus dem Wurf eines seriösen Züchters auszuwählen.

Bei Mama wird Energie und Selbstvertrauen getankt.

Saubere Kinderstube und gesunde Welpen

Weitere Anzeichen für eine seriöse Zucht sind:

→ **Sauberkeit:** Wenn Kot-Würstchen herumliegen, dann sollten es nur wenige ganz frische und wohlgeformte sein. Durchfall ist bei Welpen immer ein Alarmzeichen.
→ **Ruheplatz:** Die Welpen brauchen einen warmen, trockenen Platz zum Ausruhen und Schlafen, z. B. eine Zimmerecke, wo sie ungestört sind.
→ **Gepflegt:** Die Welpen müssen ein sauberes Fell haben und gut nach Hundebaby duften. Nur ein verwahrloster Welpe stinkt und hat Schuppen oder kahle Stellen im Fell.
→ **Neugierig:** Die Welpen sollten neugierig und vertrauensvoll auf die Züchter und – eventuell nach kurzem Zögern – auch auf Sie zugehen.
→ **Munter:** Gesunde Welpen sind kräftig, verspielt und aktiv, wenn sie nicht gerade entspannt schlafen. Sie haben keine dicken, aufgetriebenen Bäuche, die auf starken Wurmbefall hindeuten (Spulwürmerknäuel).
→ **Appetit:** Fressen die Welpen mit Appetit?
→ **Natur-Erleben:** Die ausschließliche Aufzucht in Innenräumen kann nicht das Ideale sein. Ab etwa der fünften Woche brauchen Welpen zumindest stundenweise Aufenthalt im Freien, sonst haben sie später draußen viel Angst.

Im Spiel erobern sie die Welt ... zunächst nur eine kleine Welt.

Der optimale Auslauf

Eine Erlebniswelt sieht im Idealfall so aus: Der Auslauf hat unterschiedliche Bodenstrukturen wie Gras, das am Bäuchlein kitzelt, Erde zum Buddeln, Steine zum Stolpern. Der Welpe braucht Röhren zum Durchkriechen und Verstecken, Äste zum Überspringen und Zerkauen, Bälle oder Äpfel zum Tragen usw. Durch zahlreiche Umweltreize, die durchaus auch ab und zu ein bisschen Stress hervorrufen sollen, bilden sich im Gehirn des Welpen vielfältige Vernetzungen der Nervenzellen, die nachträglich nicht mehr so leicht entstehen können.

Welcher Welpe darf's denn sein?

Ein engagierter Züchter wird Ihnen gute Tipps geben können, welcher Welpe aus seinem Wurf am besten zu Ihnen passt. Diese Ratschläge sollten Sie ernst nehmen!

Der kräftige Draufgänger mit einem rechten Dickkopf mag Ihnen noch so gut gefallen; wenn Sie jedoch keine Erfahrung mit Hunden haben, macht so eine Führungspersönlichkeit Sie schnell zum „Underdog".

Die Kindererziehung bringt Mama ins Schwitzen.

Ihr Welpe ist noch beim Züchter, aber:
Das Abenteuer Hund beginnt

Wenn Sie sich ein Hundekind ausgesucht haben, nehmen Sie einen wesentlichen Einfluss auf die Entwicklung des Kleinen: Im Erbgut ist sein äußeres Erscheinungsbild weitgehend festgelegt und er hat Anlagen für seinen Charakter und seine Intelligenz mitbekommen. Ein guter Züchter hat versucht, ihn in seiner körperlichen, geistigen und seelischen Entwicklung bestmöglich zu fördern, aber es liegt letztlich an Ihnen, was aus dem empfindsamen, menschenbezogenen Kerlchen einmal wird.

Besuchen Sie Ihren Welpen!
Ihr Welpe ist süße vier Wochen alt und in der für das ganze Leben so wichtigen Prägephase, wenn der Züchter Ihnen als künftigem Rudel zum ersten Mal Zutritt zu der Kinderstube gewährt.

Gegenseitiges Kennenlernen
Es ist nicht nur ein Entgegenkommen seinerseits, nein, der Züchter erwartet von Ihnen sogar, dass Sie Ihren neuen Hund regelmäßig besuchen. Dabei will er natürlich auch beobachten, ob Sie als neues Rudel für das Hundekind geeignet sind. Gleichzeitig haben Sie selbst die Gelegenheit, die Aufzuchtbedingungen zu begutachten. Nutzen Sie die regelmäßigen Besuche, um die Welpen im Umgang miteinander und mit ihrer Mutter zu beobachten. Wie verhalten sie sich? Wie weit dürfen sie gehen, bis die Hündin eingreift? Daraus können Sie eine Menge lernen. Und Sie sehen, wie der Züchter mit den Hunden umgeht, wie er sie trägt, wie er sie ruft, wie er ihre wilden Spielangriffe abwehrt oder mit ihnen schmust.

Pflichten des Züchters: entwurmen und impfen
Ein verantwortungsvoller Züchter ist täglich so viel mit den Welpen zusammen, dass er die Wesensmerkmale jedes einzelnen genau kennt.
Er entwurmt die Welpen ab der zweiten Lebenswoche regelmäßig gegen Spulwürmer, weil praktisch jeder junge Hund während der Tragzeit und über die Muttermilch diese Schmarotzer mitbekommt, auch wenn die Mutter entwurmt ist. In der achten Woche werden die kleinen Hunde geimpft. Vorher ist eine Impfung sinnlos, weil die Welpen mit der Muttermilch

> Machen Sie den Abschied kurz – jedem guten Züchter fällt er sowieso schwer genug, obwohl ihn die Welpenschar in den letzten Wochen arg strapaziert hat. Deshalb: Nehmen Sie den Kleinen unter den Arm, und dann nichts wie weg!

Welpen finden uns toll und vertrauen uns, wenn wir von Anfang an freundlich zu ihnen sind.

Die richtige Erlebniswelt für erste Ausflüge mit der Mama. Das macht Welpen schlau…

…auch wenn's manchmal etwas unheimlich ist.

Abwehrstoffe von der Hündin erhalten und deshalb keine eigene aktive Abwehrfront aufbauen. Frühestens eine Woche nach der Impfung sollte der Welpe seine Kinderstube verlassen, weil der Impfschutz ab dieser Zeit besteht.

Zu jedem Hund gehört ein Impfpass

Vom Züchter bekommen Sie einen Impfpass, in den die Erstimpfung eingetragen ist, meistens auch der Termin für die erste Wiederholungsimpfung (mit ca. 12 Wochen). Informieren Sie sich auch, wann der Welpe entwurmt worden ist, und versäumen Sie die regelmäßigen Wurmkuren gegen Spulwurmbefall nicht.

Kaufvertrag

Ein Züchter, der Mitglied im VDH ist, wird Ihnen den Standard-Kaufvertrag des VDH vorlegen, der Sie ausführlich über den Welpen informiert und die beiderseitigen Rechte und Verpflichtungen festhält.

Der Wurfabnahme-Bericht

Zusätzlich sollten Sie sich den Bericht über die Wurfabnahme zeigen lassen, in dem der Zuchtwart, der den Wurf geprüft hat, auch auf Auffälligkeiten der einzelnen Welpen hinweist.

> ### → Gute Kinderstube auch für Mischlinge
>
> Wenn Sie einen Mischling kaufen, fehlt die fachmännische Beurteilung. Spätestens am Übergabetag – besser bei einem früheren Besuch – sollten Sie deshalb jemand mit zu den Welpen nehmen, der etwas von Hunden versteht. Auch ein Mischling braucht dringend eine gute Kinderstube, um später ein gut sozialisierter Hund zu werden. Es ist ein gefährlicher Irrtum zu meinen, dass Mischlingswelpen eine schlechte Kindheit geradezu hilft, ein kerniger Hund zu werden. Ihre kleine Seele ist genauso verletzlich wie die eines Rassehundes.

Vorbereiten für die Ankunft
Nehmen Sie sich Zeit

Hundekleidung sollte praktisch und robust sein. Wenn übermütige Welpen an einem hochspringen, lässt sich der ein oder andere Pfotenabdruck nicht vermeiden.

➜ *Besonders in den ersten Wochen wird der Grundstein für das spätere Hundeleben gelegt. Nehmen Sie sich die Zeit, zeigen Sie ihm die Welt und schenken Sie ihm Liebe und Vertrauen.*

Bereiten Sie Ihr Zuhause für den Welpen gut vor, so dass alles erledigt ist, wenn Sie ihn holen und Sie sich dann ganz Ihrem „Nachwuchs" widmen können. Er ist ja noch ein Baby und braucht noch sehr viel Aufmerksamkeit.

Nehmen Sie sich Zeit
Das Wichtigste, was Sie in den ersten Wochen benötigen, ist Zeit, viel Zeit. Und Sie werden sehen, dass es sich lohnt. Sie werden einen faszinierenden Erlebnisurlaub mit dem Welpen genießen, der Ihnen auf jeden Fall Freude und Erholung bereitet.

Dieser Urlaub lohnt sich dreifach
Was Sie jetzt an Zeit und Engagement investieren, zahlt sich später aus: Alles, was das Hundekind in den ersten gemeinsamen Wochen lernt, prägt sein ganzes Leben. Erledigen Sie anderes, das Zeit braucht, solange Sie noch unabhängig sind: Zähne sanieren, Dauerwelle machen lassen, in den Urlaub fliegen etc.

Kaufen Sie sich Schmutz-Klamotten
Legen Sie sich robuste und am besten erdfarbene Kleidung zu: Das Hundekind hat nadelspitze Milchzähne und ebenso spitze Krallen. Hoffentlich hat er auch ein ausgelassenes, unternehmungslustiges Naturell.

Anfänglich kann es auch sein, dass er noch bei jeder freudigen Begrüßung ein paar Tröpfchen verliert. Bei jedem Wetter und auch bei Regen wird er ab und zu an Ihnen hochspringen oder -klettern, um sich zu vergewissern, dass alles in Ordnung ist.
Wenn Sie in einem oberen Stockwerk wohnen, müssen Sie den Welpen im ersten Jahr die Treppen hinunter- und auch wieder hochtragen. Sie werden sich wundern, wie gründlich selbst ein kleinwüchsiger Welpe nach einem Schmuddelwetterspaziergang Sie an seinem Ferkellook teilhaben lässt!

Beseitigen Sie die Gefahrenstellen

Gehen Sie mit wachem Auge durch die Wohnung und fragen Sie sich: Was kann für den Welpen gefährlich werden? Und was ist in Gefahr? Wie ein Kleinkind nimmt auch ein Welpe alles neugierig in den Mund, kaut darauf herum, um den Gegenstand kennenzulernen, und schluckt es auch schon mal. Deshalb können Büroklammern, kleine Setzkastenfiguren, Nadeln, Broschen, Schmuckstücke, Buntstifte etc. für ihn gefährlich werden.

Treppen mit glatten und offenen Stufen sind lebensgefährlich! Im ersten Lebensjahr tragen Sie ihn ohnehin, später muss ein rutschfester Belag dem Hund auf der Treppe Halt bieten.

Um den Garten gehört ein Zaun

Ohne Zaun können Sie Ihren Welpen nicht in den Garten lassen. Nur so hat Ihr Hund etwas davon! Verbannen Sie spätestens jetzt Schneckentod, Blaukorn, chemische Insektenkiller und ähnliches aus Ihrem Garten.

Meins? Oder nicht meins? Welpen müssen erst lernen, an welchem „Spielzeug" sie sich austoben dürfen und dass Schuhe zwar verlockend, aber nicht erlaubt sind.

Räumen Sie weg, was er zerknabbern kann

Andererseits sollten Sie Ihren antiken Steiff-Teddy, die Käthe-Kruse-Puppe, den edlen Seidenteppich, die 300 Jahre alte Bibel, die Altmeißener Bodenvase und andere Dinge, an denen Ihr Herz hängt, in Sicherheit bringen: Ein Welpe zerlegt Billig-Pantoffeln genauso gern wie Luxus-Pantoletten.

Treppen sichern

Eine Treppe im Wohnbereich sollten Sie unten und oben durch Kindersicherungen versperren!

Auch organische Dünger können für Hunde lebensgefährlich sein. Schützen Sie Ihre Beete durch ein Zäunchen vor dem buddelnden Tatendrang Ihres Welpen. Vergessen Sie nicht, Teich und Pool zu sichern. Mit ihrem steilen Rand werden sie oft zu tödlichen Fallen.

Tipp
Renovieren Sie später!
Die Renovierung Ihrer Wohnung lassen Sie jetzt besser bleiben, Sie würden sich nur ärgern. Denn Ihr Welpe ist noch nicht wirklich stubenrein und knabbert außerdem gerne alles an.

Jetzt holen Sie Ihren Schatz zu sich
Nestwärme vom ersten Tag an

Der erste Tag eines Urlaubs im eigenen Zuhause ist der optimale Zeitpunkt, um den Welpen abzuholen. Wenn das nicht geht, wählen Sie einen Freitagmittag oder Samstagmorgen. Auch dann lernt der Kleine gleich alle Familienmitglieder kennen und hat genügend Zeit, sich etwas an sie zu gewöhnen.

Nach einem Tag voller neuer Eindrücke freut sich Ihr Welpe, wenn er ein Stückchen Decke mit dem vertauten Geruch seiner Kindersube vorfindet.

Kuscheltuch für Welpen
Die Einsamkeit beginnt erst abends, wenn der Welpe sich müde an seine Geschwister kuscheln möchte. Lassen Sie sich vom Züchter ein Stückchen alte Decke mit dem vertrauten Duft der Kinderstube mitgeben. Wenn der Welpe den vertrauten Geruch an seinem neuen Schlafplatz findet, beruhigt ihn das. Der wichtigste Trost ist Ihre Anwesenheit.

Was der Züchter Ihnen mitgibt
Klären Sie vorher beim Züchter, ob er Ihnen das vertraute Futter für die nächsten Tage mitgibt. Sonst bitten Sie ihn um genaue Angaben und kaufen entsprechend ein. Auch wenn Sie später anderes Futter verwenden wollen, sollten Sie die Ernährung auf keinen Fall gleich umstellen. Vergessen Sie beim Abholen nicht, nach Impfpass, Kaufvertrag, Wesenstest-Bericht und eventuell Ahnentafel zu fragen.

Zur Heimfahrt auf den Schoß
Wenn es sich einrichten lässt, sollten Sie den Kleinen nicht allein abholen. Andernfalls bringen Sie eine Hundetransportbox mit, die Sie so auf den Beifahrersitz stellen und befestigen, dass er Sie sehen kann. Bei längeren Autofahrten sollten Sie eine Pipi-Pause machen. Nehmen Sie den Welpen dabei an die Leine! Auf der Fahrt könnte ihm schlecht werden. Nehmen Sie deshalb Haushaltspapier und alte Frotteetücher mit.

Neugierig das neue Zuhause erkunden
Neugierig wird der Kleine nach der Ankunft Ihre Wohnung erkunden. Wenn Sie einen Garten haben, sollten Sie ihm diesen zuerst zeigen, weil er wahrscheinlich Pipi machen muss. Wenn Sie eine Etagenwohnung haben, braucht der Kleine anfangs ein „Zeitungsklo": Legen Sie an gut zugänglicher Stelle großflächig mit einer dicken Zeitungsschicht aus, obendrauf möglichst eine mit dem Urin des Welpen

Die meisten Welpen sind anfangs kleine Grobiane. Sanftes Ohrlecken muss genau wie vorsichtiges Greifen gelernt werden.

getränkte Zeitung. Sobald der Kleine mit der Nase am Boden suchend umherläuft, tragen Sie ihn schnell auf die ausgebreiteten Zeitungen und fordern ihn freundlich auf: „Paddy, mach Pipi!"

Einnicken geht schnell auf einem Schaffell

Bieten Sie dem Kleinen Spielzeug an und zeigen Sie ihm sein Körbchen, das zunächst genauso gut eine kleine Kiste oder ein Karton sein kann (ohne Heftklammern, ohne chemischen Geruch!), mit einer kuscheligen Decke darin und natürlich mit dem vom Züchter mitgebrachten „Heimatduftträger". Hunde liegen übrigens sehr gern auf Schaffellen oder einfach auf dem Teppich. Lassen Sie ihn aber bitte nicht allein! Er würde sich beim Aufwachen verlassen fühlen.

Vertrautes Futter zur gewohnten Zeit

Füttern Sie das vertraute Futter (lauwarm) zu den gewohnten Zeiten. Rufen Sie ihn zum Essen mit seinem Namen: „Paddy, komm!" Er wird sicher bald neugierig angelaufen kommen, um zu sehen, was es gibt.

So verbindet er mit seinem Namen und der Aufforderung „Komm" etwas Positives. Das hilf Ihnen später, wenn Sie den Welpen zu sich rufen. Nach dem Essen geht's wieder zum Pipimachen.

Erst schlafen, dann spielen

Meistens wollen Welpen nach dem Essen spielen, doch man ist gerade bei großwüchsigen Hunden angehalten, wilde Aktivitäten nach den Mahlzeiten zu vermeiden, weil sonst die Gefahr einer Magendrehung besteht. Bremsen Sie deshalb die Spielgelüste lieber etwas! Nach dem Schläfchen dürfen Sie spielen.

Ignorieren Sie seine Spielaufforderungen, wenn er gerade gegessen hat.

Für KIDS
Jetzt bist Du sein bester Freund

Kleiner Hund, ganz fremd

Euer kleiner Hund ist noch genauso ein Kind wie Du. Aber er hat gerade seine Mutter und Geschwister, ja sein ganzes Zuhause verlassen müssen und fühlt sich jetzt bei Euch noch ganz fremd. Wenn Du ihn in diesen ersten Tagen mit viel Rücksicht behandelst und ganz lieb zu ihm bist, wird ihm das am meisten helfen, sich schnell bei Euch wohl zu fühlen. Sei einfach nur da und sprich, spiel und schmuse mit ihm. Lass ihn in der Nacht nicht allein.

Übermütig und verspielt

Du wirst sehen, bald wird er seinen Kummer vergessen haben und genauso verspielt und übermütig, unbekümmert und unvernünftig sein wie Du selbst. Ihr werdet Euch prima verstehen, denn ihr habt ja eine Menge gemeinsam. Auch er wurde schon, bevor er zu Euch kam, von seiner Mutter erzogen und hatte Reibereien mit seinen Geschwistern.

Um die Wette gezogen

Alle Hunde lieben Zerrspiele. Sie wollen ihre Kräfte messen und ziehen, was das Zeug hält. Ihr könnt ruhig ein wenig Tauziehen spielen, aber nicht zu wild. Sein Gebiss ist noch weich und außerdem darf er Dir nicht in die Hände zwicken.

Kleine Tricks

Dein Hundekind lernt liebend gern. Wahrscheinlich findet er die Hundeschule gut und freut sich auch über jeden Trick, den Du ihm zeigst. Vor allem, wenn es dafür Aufmerksamkeit und Leckerchen gibt. Probiert es doch mal mit Pfötchen geben.

Spielregeln für Hunde- und Menschenkinder

Für Hunde
- Menschenhände sind empfindlich. Wenn der Welpe zu grob an Dir herumknabbert, beendest Du das Spiel sofort.
- Er sollte immer eine Spielzeugkiste mit genügend Spielzeug zur Verfügung haben. Du möchtest auch nicht, dass Deine Eltern Dein Spielzeug wegschließen und es Dir nur ab und zu geben.
- Pfoten runter! Wenn Dein Welpe an Dir hochspringt, wird er nicht beachtet. Erst wenn alle vier Pfoten auf dem Boden sind, bekommt er Deine Aufmerksamkeit. So gewöhnst Du ihm das Hochspringen ab.

Für Menschen
- Wenn Dein Welpe schläft, frisst oder Pipi macht, will er nicht gestört werden. Lass ihn in Frieden, er braucht die Zeit für sich.
- Du bestimmst, wann das gemeinsame Spiel anfängt, wann es aufhört und wie wild gespielt wird. Wird es zu wild oder zu grob, ist Schluss mit lustig.
- Welpen haben gute Ohren, schrei also nicht mit ihm herum. Er versteht auch leise Töne und reagiert viel besser auf ein freundliches Wort oder eine leckere Belohnung.

Jetzt bist Du sein bester Freund

Vom Eingewöhnen zum Alltag
Pudelwohl in 30 Tagen

Welpen leben sich schnell ihr neues Zuhause ein. Schon nach wenigen Tagen ist Ihr Welpe ganz der Ihre, es sei denn, Sie kümmern sich nicht genug um ihn. Trotz aller Raufereien, die er tagsüber mit Ihnen im Spiel austrägt, steckt in ihm ein sensibles Seelchen. Und kommt die erste Nacht, will er bei Ihnen sein, sonst bekommt er Angst.

Die erste Nacht
Stellen Sie nachts sein Körbchen neben Ihr Bett. So merken Sie, wenn der Kleine unruhig wird, weil er muss, und können schnell mit ihm in den Garten oder zum Zeitungsklo eilen. Wenn Sie es mögen, wird er sich auch gern in Ihrem Bett an Sie kuscheln und zufrieden einschlafen.

Welpen wollen kuscheln
Wenn Sie ihn aus dem Schlafzimmer verbannen und z. B. allein in der Küche schlafen lassen, wird er bitterlich weinen. Nicht etwa aus Heimweh, sondern weil das Alleinsein für ihn als Rudeltier völlig unnatürlich ist. Er empfindet es als Lebensbedrohung. Ein weggesperrter Welpe wird sich lösen, ohne dass Sie eingreifen und ihn rechtzeitig nach draußen bringen können. Und er winselt und jault zum Herzerweichen, wenn Sie ihm keine Geborgenheit schenken.

Mit Kleidern ins Bett
Es hat sich bewährt, nachts im Joggingenzug zu schlafen, weil man dann sofort nach draußen gehen kann. Fürs Anziehen hat man kaum Zeit, wenn das Hundekind mal nötig muss. Er wird unruhig werden und aus dem Bett wollen, falls er dort schlafen darf. Ins Bett wird er kaum machen, da er sein Schlaflager in der Regel nicht verschmutzt.

Knabbern, was das Zeug hält
Der Welpe wird sich schnell bei Ihnen zu Hause fühlen und nach Welpenart voller Forscherdrang die Wohnung erkunden. Er tut das sehr „zahngreiflich". Sie sollten ihn während seiner Aktivphasen genau beobachten, damit Sie ihm sofort deutlich machen können, was Ihnen nicht gefällt. Und das ist zu Beginn eine ganze Menge!

→ *Ihr Welpe soll so oft wie möglich Hundekontakte pflegen können, damit er die Hundeetikette lernen kann.*

Wenn sein Körbchen nachts neben Ihrem Bett steht, ist die Welt für ihn in Ordnung.

Reden Sie mit ihm!

Wenn Sie im Haus beschäftigt sind und Ihr Welpe neben Ihnen sitzt oder in seinem Körbchen liegt, ist Zeit und Gelegenheit für ein kleines Gespräch. Erklären Sie ihm die Welt mit klaren, einfachen Worten. Unterhalten Sie sich mit Ihrem Welpen. Sagen Sie Dinge wie: „Gleich kommt Steffi aus der Schule!", „Wo ist denn nur der Ball?". Sprechen Sie auch mit ihm, wenn Sie ihn kraulen und knuddeln. Bald versteht er viel mehr, als Sie für möglich halten!

Spielen und Schlafen wechseln sich ab. Manchmal übermannt ihn die Müdigkeit mitten im Spiel.

Ihr aktiver Kleiner wird dabei zwangsläufig zu der Erkenntnis kommen, dass das häufigste Wort in der Menschensprache „Nein!" ist.

Hunde zum Spielen

Ihr Welpe braucht regelmäßig Hundekontakte, um sich normal zu entwickeln und um sich später unter Hunden sicher und friedfertig bewegen zu können. Ganz ohne Risiko sind diese Hundebegegnungen leider nicht, weil nicht alle Hunde freundlich sind. Auch wenn der Welpe noch keinen umfassenden Impfschutz hat, muss er dringend 'unter Hunde'. Wenn man ihn aus Angst um seine Gesundheit wochenlang von seinen Artgenossen fernhält, schädigt man sein Sozialverhalten.

Kontakte zu anderen Hunden sind sehr wichtig. Hier kann der Welpe seine Kräfte messen und Hundemanieren lernen.

Schnuppern, schlendern, spielen

Ihr Welpe möchte die Welt erkunden. Gehen Sie mit ihm hinaus. Tragen Sie Hundespielzeug bei sich, z. B. einen Wurfring, einen Hunde-Frisbee, ein Stück festen Stoff (eventuell von einer alten, ausgewaschenen Jeans), alles, was seinen Zähnchen standhält und nicht im Hals stecken bleiben kann, wie etwa kleine Vollgummibälle. Nach einem Spaziergang oder einer Spielstunde im Garten wird er bald todmüde einschlafen.

Das sieht niedlich aus. Aber zwei Welpen und ein kleines Kind gleichzeitig – das ist eine Überforderung.

Auf einen Blick
Grundausstattung für Welpen

Checkliste fürs Welpen abholen

für die Hinfahrt:
- → Halsband
- → Leine
- → Tücher
- → Geld
- → Adresse
- → Kamera
- → eventuell Transportbox

für die Heimfahrt:
- → Futter vom Züchter
- → Decke mit „Wurfgeruch"
- → Impfpass
- → Kaufvertrag
- → Quittung
- → eventuell weitere Papiere.

Wohnen

Natürlich wohnt der Welpe mit Ihnen in der Wohnung. Doch da kleine Hunde ziemlich neugierig sind und ihre Nase in alles hineinstecken, sollten Sie ein paar Vorbereitungen treffen: Treppen abriegeln, giftige, gefährliche und wertvolle Gegenstände außer Reichweite stellen oder wegschließen, einen Zaun um den Garten ziehen.

Schlafen

Ihr Welpe braucht seinen eigenen Schlafplatz, an dem er seine Ruhe, aber dennoch Familienanschluss hat, zum Beispiel eine Ecke im Wohnzimmer. Stellen Sie ihm ein Körbchen

mit einer Kuscheldecke hin. Manche Welpen bevorzugen Schlafhöhlen. Die ersten Nächte schläft er bei Ihnen im Schlafzimmer. So merken Sie, wann er muss, und er fühlt sich nicht so allein gelassen. Entscheiden Sie, ob der Welpe in Ihrem Bett schlafen darf. Doch seien Sie sich über die Konsequenzen bewusst: Darf er es einmal, darf er es immer! Mal ja mal nein versteht Ihr Hund nicht. Manche Hunde ziehen allerdings von sich aus wieder aus dem Bett aus.

Fressen

Ihr Hund braucht einen standfesten Futternapf aus Keramik oder Edelstahl und eine Wasserschüssel, die er immer erreichen kann. Kaufen Sie das gleiche Futter, dass der Züchter gegeben hat. Zumindest für die ersten Wochen.

Spazieren gehen

Kein Spaziergang ohne Halsband mit Ihrer Telefonnummer und Leine. Achten Sie darauf, dass das Halsband nicht zu schmal und in der Länge verstellbar ist, so dass es mit dem Welpen „mitwachsen" kann. Sie können zwischen Leder und Nylon wählen. Eine Leine, die zwischen 1,5 und 2 Meter lang und längenverstellbar ist, ist am zweckmäßigsten, dazu eine lange Flexi-Leine.

Spielen

Im Zoofachhandel finden Sie eine Fülle an Welpenspielzeugen: Die Palette reicht von Schleuderbällen über Seilknoten, Quietschtieren und Hundefrisbees bis hin zu Gummihühnern. Wählen Sie aus, was für ihn geeignet und ungefährlich ist. Sie können auch selbstgemachtes Spielzeug verwenden.

Bürsten

Je nach Rasse ist das Fell mehr oder weniger pflegeintensiv. Bei Kurzhaarrassen reicht es, einmal die Woche mit einer weichen Bürste über das Fell zu fahren, bei langhaarigen Exemplaren brauchen Sie spezielle Kämme. Ihr Züchter wird Sie gern beraten.

Gut versichert?

Welpen sind von Natur aus recht stürmisch. Da kann schnell ein Unfall passieren oder die weiße Hose der Nachbarin in Mitleidenschaft gezogen werden. Schließen Sie daher unbedingt eine Haftpflichtversicherung für Ihren kleinen Wirbelwind ab.

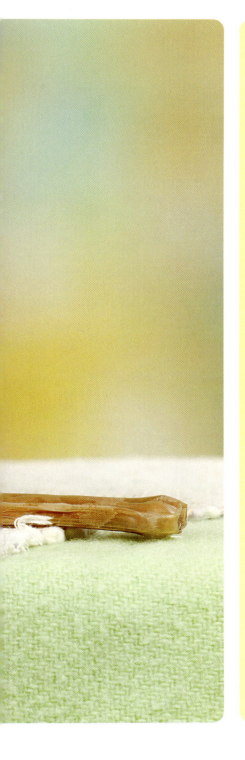

2

Ernähren und pflegen

Welpen gesund ernähren	34
Gesunde Hunde	44
Fellpflege mit Schmusecharakter	50

EXTRA
Das Fertigfutter-ABC 38

Auf einen Blick
Mein Pflegeplan 52

Lecker und gesund ernähren
Was Welpen wollen

Wenn es nach Ihrem Welpen ginge, würde er am liebsten erst genüsslich einen Pferdeapfel verzehren, dann ein paar ausgebuddelte Mäusebabys hinterherschieben, ein paar Hagebutten vom Strauch pflücken und ein paar Grashalme anknabbern. Und das würde ihm meistens gut bekommen. Aber es geht ja nicht nach seiner Schnauze. Das wäre bei all der Chemie in unserer Umwelt bis hin zum Rattengift, das die Mäuse gefressen haben könnten, zu gefährlich.

Füttern Sie das, was der Hund kennt

Somit entscheiden wir ganz allein, was unser Wohlstandswauwau frisst bzw. fressen darf. Trotzdem wäre für ihn der Pferdeapfel durchaus ein kulinarisches Highlight und überdies auch noch ein gesundes. Nehmen Sie sich die Ratschläge des Züchters zu Herzen und füttern Sie den Welpen weiterhin so, wie er es gewohnt ist. Informieren Sie sich, was für Ihren Hund gesund ist, ob es rassespezifische Besonderheiten gibt und was anderen Hunden dieser Rasse gut bekommt.

Mehrere Mahlzeiten am Tag

Der Welpe sollte in den ersten Wochen bei Ihnen viermal täglich fressen dürfen. Dann können Sie nach und nach auf drei und beim neun bis zwölf Monate alten Hund auf zwei Mahlzei-

Frisches Wasser in einem großen Gefäß sollte immer bereitstehen. Wechseln Sie es an warmen Tagen mehrmals täglich. Wenn Sie Trockenfutter füttern, muss Ihr Hund mehr trinken.

Bei so einem Langohr essen die Ohren schon mal mit!

ten übergehen. Füttern Sie möglichst immer zu den gleichen Zeiten und bieten Sie das Futter zimmerwarm an (nicht aus dem Kühlschrank). Einem großwüchsigen Welpen stellen Sie es auf einen Ständer, damit er sich beim Fressen nicht bücken muss, was für den Rücken nicht gut ist. Lassen Sie übrig gebliebenes Feuchtfutter nicht stehen, weil es schnell verdirbt. Trockenfutter dagegen kann man den Welpen ruhig nach seinem eigenen Rhythmus fressen lassen.

Zum Frühstück einen Pferdeapfel

Der Hund ist wie sein Vorfahre, der Wolf, zwar ein Fleischfresser, aber nicht ausschließlich. Denn dieser frisst seine Beutetiere mit Haut und Haar, also mit allem, was an ihnen dran und drin ist. Dazu gehören Knochen, Knorpel, Fell, Federn und Mageninhalt. Die Pflanzenfresser unter den Beutetieren, etwa Maus, Kaninchen, Rebhuhn oder Hase, haben alle vegetarisch gegessen und die Kost mehr oder weniger verdaut. Dazu nutzen sie viele Bakterien, die diese Nahrung zerkleinern. Diese vorverdaute Pflanzenkost ist für den Hund ein wichtiger Nahrungsbestandteil.

Lecker Pansen

Außer rohem, ungewaschenem Pansen und Blättermagen mit ihren wichtigen Wirkstoffen können wir unserem Hund heute nur noch selten Gedärme mit Inhalt bieten, aber wir müssen ihm einen Anteil an schon gut aufgeschlossener Pflanzennahrung geben. Das heißt, wir müssen die vegetarische Kost so vorbereiten (zerkleinern, kochen, Öl hinzufügen), dass das Verdauungssystem des Hundes die darin enthaltenen Inhaltsstoffe nutzen kann.

An so einem Büffelhautknochen muss er ganz schön lange nagen!

Kauknochen ja, aber keine echten

Neben diesen Mahlzeiten braucht der Welpe unbedingt Büffelhaut-Kauknochen, getrocknete Ochsenziemer, harte Hundekuchen und Ähnliches zum Kauen. Mit etwa vier bis fünf Monaten ist er im Zahnwechsel und hat dann ein besonders starkes Kaubedürfnis. „Echte" Knochen führen leicht zu Verletzungen und üblen Verstopfungen. Röhrenknochen vom Geflügel sollten absolut tabu sein. Jeder gekochte Knochen wird spröde und damit gefährlich. Gegen eine leckere Kalbsrippe ist nichts einzuwenden.

> → **Was Welpen nicht fressen dürfen**
> Zwiebeln, Weintrauben und Schokolade sind für Hunde giftig.
> Bereits eine Tafel Schokolade mit dem im Kakaopulver enthaltenen Theobromin kann für Hunde tödlich sein. Achten Sie also darauf, was Ihr Hund zwischen die Zähne bekommt.

Fertignahrung, aber richtig
Im Dschungel der Futtervielfalt

Unsere Hunde leben wie wir im Fastfood-Zeitalter. Nur schnell den Nippel von der Lasche ziehen, und schon entströmt der Dose oder dem Alu-Portionsschälchen der für uns Menschen appetitliche Duft einer Mahlzeit. Man kann auch einfach ein paar Hände voll Trockenfutter greifen, es den Hund knuspern lassen oder es einweichen, und schon ist der Wohlstandshund versorgt, und das sogar gut, vorausgesetzt man greift nicht zum minderwertigsten Futter. Das ist, wie Tests zeigen, aber nicht unbedingt das billigste!

Hundefutter gibt es in Hülle und Fülle. Achten Sie auf die optimale Futterzusammensetzung und lassen Sie sich von Ihrem Züchter beraten.

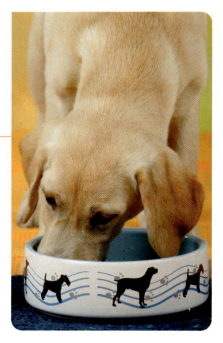

Wo Hund drauf ist, ist hoffentlich auch gutes Hundefutter drin.

Qualität aus der Dose
Die seriösen Futtermittel-Hersteller stellen sicher, dass in ihrem Angebot (Dosenfutter wie Trockenfutter) alles enthalten ist, was den Hund gesund und fit hält. Selbstverständlich sollte sein, dass Sie ein gut verträgliches Futter wählen.

Kritischer Blick auf die Packung
Lesen Sie deshalb die Packungsaufschriften kritisch. Holen Sie sich lieber einmal zu viel Rat vom Züchter oder Tierarzt als einmal zu wenig. Wenn Sie ein Fertigfutter in die engere Wahl gezogen haben, können Sie sich auch beim Hersteller erkundigen. Einige Firmen haben sogar ein Kundentelefon. Schon mit ca. sieben Monaten haben die meisten Rassen das Hauptgrößenwachstum abgeschlossen und stecken in der Pubertät. Deshalb ist gerade in den ersten Monaten, die der Welpe bei Ihnen ist, die Ernährung enorm wichtig.

Weniger kann mehr sein
Ein Großer frisst viel, ein Kleinhund wenig? Das stimmt nur auf den ersten Blick. Denn der träge Hunderiese braucht eher weniger Futter als ein mittelgroßer Sportlertyp. Das heißt, im Verhältnis zum Körpergewicht benötigt ein Border Collie, der regelmäßig zum Agility geht, deutlich mehr, als ein Berner Sennenhund, der sich kaum bewegt.

Spezialkost für große Rassen

Je größer Ihr Welpe einmal werden wird, umso folgenschwerer ist eine Mangelernährung. Andererseits darf man ein Riesenbaby keinesfalls überfüttern, im Gegenteil: Denn wenn es zu dick wird oder zu schnell wächst, hat das negative Auswirkungen auf die Gelenke. Die Richtlinie heißt: optimale Futterzusammensetzung und zurückhaltend füttern! Für großwüchsige Welpen finden Sie Spezial-Aufzuchtfutter im Angebot.

Gute und schlechte Futterverwerter

Nicht nur die Größe, sondern auch das Temperament, die Fellart und die Haltungsbedingungen beeinflussen den täglichen Nahrungsbedarf eines Hundes. Außerdem gibt es, wie beim Menschen auch, gute und schlechte Futterverwerter. Genaue Mengenangaben für die Fütterung sind somit nicht möglich. Halten Sie sich anfänglich an die Ratschläge des Züchters, berücksichtigen Sie die Angaben auf der Verpackung und beobachten Sie Ihren Hund: Wird er nicht satt oder magert sogar ab, war's zu wenig.

Mittelgroße und kleine Rassen

Mit Ausnahme der Großhunde sollte man Welpen nach Appetit fressen lassen, aber keinesfalls seinen Ehrgeiz daran setzen, möglichst viel in den Hund „hineinzufüllen". Es ist nämlich ein Irrtum zu glauben, dass sich ein dicker Welpe zu einem großen Prachtexemplar entwickelt. Vielmehr wird ein dicker Welpe einfach nur ein dicker Hund mit allen gesundheitlichen Folgen.

Alleinfuttermittel

Wenn Sie Ihrem Hund ein als „Alleinfuttermittel" bezeichnetes Futter geben, heißt das, dass wirklich alles enthalten ist, was er braucht. Füllen Sie ihn bitte nicht noch zusätzlich mit Vitamin- und Mineralpillen ab. Ein Zuviel an Mineralien kann z. B. zu Ablagerungen in den Gelenken des Junghundes führen. Dagegen können Sie schon mal einen Apfel, Petersilie, gedünstete Möhren, einen Löffel Hirsebrei oder weichen Naturreis, etwas Hüttenkäse oder Ähnliches dazugeben, aber reichern Sie die Nahrung nicht zu stark mit Eiweiß an.

Welpenfutter für die erste Zeit

Spezielles Fertigfutter gibt es für jedes Alter und für jeden Aktivitätsgrad (und auch als Diät bei vielen Krankheiten): Geben Sie erst Welpenfutter, dann Futter für den heranwachsenden Hund und dann solches für erwachsene Hunde.

Damit's ein Prachtkerl wird, braucht der Welpe das richtige Futter.

EXTRA
Das Fertigfutter-ABC

Was ist drin? Was steht drauf? Worauf muss man achten?

Alleinfutter enthält alle Nahrungsbestandteile in einem ausgewogenen Verhältnis. Nichts weiter hinzufügen!

Antioxidantien sind synthetisch oder natürlich; verhindern, dass das Fett im Trockenfutter ranzig wird.

Aromastoffe werden zugesetzt, damit das Futter gut riecht, sind meist künstlich hergestellt und völlig überflüssig.

Bio-Hundefutter enthält keine künstlichen Stoffe, sondern nur biologisch angebaute Pflanzenkost und echtes Fleisch (kein Pressfleisch, Soja oder Schlachtabfälle) aus Bio-Viehzucht.

Calcium-Phosphor-Verhältnis: Wichtig ist ein ausgewogenes Verhältnis von Kalzium und Phosphor; Ideal: 1,2 zu 1 (Ca:P).

Chondroitin: Vitalstoff aus Haifischknorpel, schützt die Gelenke.

Dinatriumglutamat (und andere Glutamate): Überflüssige Geschmacksverstärker.

Emulgatoren sorgen dafür, dass sich Fett- und Wasseranteile verbinden, eher unschädlich.

Ergänzungsfutter: Futtermittel, mit denen der Hund nicht ausschließlich ernährt werden kann, z. B. Getreideflocken, die zum Fleisch zugegeben werden, oder Vitamin- und Mineralstoffpräparate.

EU-Zusatzstoffe: Sammelbegriff für alle deklarationspflichtigen Zusatzstoffe wie Konservierungsstoffe, künstliche Farbstoffe, Emulgatoren, Antioxidantien. Darauf können Sie getrost verzichten. Sie lösen häufig Allergien aus. Eine Liste der E-Nummern finden Sie unter www.oekotest.de.

Farbstoffe sind im Hundefutter nicht nötig.

Feuchtigkeit: Der Wassergehalt ist in Trockenfutter wesentlich geringer (zwischen 7 und 9 Prozent). In Dosenfutter bis zu 80 Prozent.

Fleischige Brocken Zerkleinertes Fleisch und Getreide, das in Form gepresst wurde.

Glucosamin: Ein fürs Wachstum wichtiger Aminozucker. Unterstützt das Knorpel- und Gelenkwachstum und kann Hüft- und Ellenbogendysplasie vorbeugen.

Hundeflocken zum Untermischen bzw. Beimischen; kein Alleinfutter.

Junior: Futterbezeichnung, ist bis zum Ende des ersten Lebensjahres geeignet.

Kilokalorien (pro 100 Gramm): Angabe des Energiegehalts des Futters.

Lysin und Methionin sind Aminosäuren. Je höher der natürliche Gehalt an Lysin und Methionin im Fleisch, desto besser ist die Fleischqualität.

Mindesthaltbarkeitsdatum ist wichtig, weil Vitamine schnell zugrunde gehen.

Mineralstoffe: Kalium, Natrium, Kalzium, Magnesium, Phosphor (Phosphat), und Chlor (Chlorid).

Naturidentisch: Geschöntes Wort für einen synthetischen Zusatzstoff.

Pflanzlicher Eiweißextrakt deutet auf Fleisch hin, kann aber z. B. nur aus Soja sein.

Qualität erkennen Sie am Preis. Die gleiche Menge kann bis zu zehnmal so viel kosten. Allerdings ist teures Futter nicht immer qualitativ hochwertig!

Rohasche: Mineralstoffe, die beim Verbrennen des Futters bei 600 °C übrig bleiben würden.

Rohfaser: unverdauliche Ballaststoffe.

Soja: Pflanzliches Eiweiß. Kann Allergien auslösen.

Spurenelemente: Eisen, Zink, Fluor (Fluorid), Schwefel (Sulfat), Jod, Kobalt, Kupfer, Mangan und Selen. Sind oft zusammen mit Vitaminen und Mineralien dem Futter beigemischt.

Tiermehle: Trotz BSE-Krise sind sie nicht im Hundefutter verboten.

Tierische Nebenprodukte: Fell, Hufe, Knochen und ähnliches.

Trockenfutter benötigt der Welpe viel weniger als Feuchtfutter, um die gleiche Energiemenge aufzunehmen.

Vitaminzusätze können sinnvoll sein, weil durch das Erhitzen Vitamine verloren gehen.

Welpenfutter ist sehr energiereich (für große Rassen zu sehr!) – geeignet allenfalls bis zum siebten Lebensmonat.

Zusatzstoffe sind in allen Fertigfutter-Sorten enthalten. Je weniger künstliche Stoffe, desto besser.

Das Fertigfutter-ABC

Selbst kochen – gewusst wie!
Frisch unter den Tisch

Halloween-Spielzeug, das auch noch essbar ist.

Sinnvoll ist es, eine Mahlzeit am Tag selbst zuzubereiten und ansonsten Fertigfutter zu füttern. Ein richtig befüllter Napf ist dabei wichtiger als ein gut gefüllter Napf. Das Mischverhältnis jeder Mahlzeit von Fleisch (Eiweiß) zu Beikost (Kohlehydrate, Ballaststoffe) sollte etwa zwei Drittel zu einem Drittel betragen. Also füllen Sie zuerst gekochtes Fleisch in den Napf, geben darauf die Hälfte dieser Menge an pflanzlicher Beimischung und etwas abgekühltes Kochwasser, mischen und servieren es zimmerwarm.

Kleine Mix-Tour

Zum Untermischen ins Hauptfutter eignen sich weich gekochter Naturreis, Nudeln, Hirsebrei, Bio-Hundeflocken aus Gemüse und Getreide, möglichst aus dem Zoofachgeschäft, gekochte Möhren und Kartoffeln, geriebener Apfel, zerdrückte Banane, Petersilie, Knoblauch, ab und zu rohes Eigelb. Rohes Eiweiß dagegen ist schädlich. Sie können auch Reste Ihrer Mahlzeiten füttern, vorausgesetzt Sie selbst ernähren sich gesundheitsbewusst. Dann schaden Möhrengemüse, Vollkornnudeln etc. Ihrem Welpen nicht. Fettes, Süßigkeiten und stark Gewürztes sollten tabu sein.

Langsam wachsen

Wächst der Welpe rasant, bitte Vorsicht. Denn Welpen und Junghunde größerer und auch mancher kleiner Rassen sollen langsam wachsen, um keine Gelenkprobleme zu bekommen. Achten Sie darauf, dass der Proteinwert in ihrem Futter nicht über 25 Prozent und der Fettgehalt möglichst unter 15 Prozent liegt.

→ 10 Tipps für Selbstkocher

1. Pferd, Schaf und Rind, Wild, Huhn und Fisch kommen auf den Tisch. Nur Schwein, das lass sein. Schweinefleisch darf auf gar keinen Fall roh oder halbgar gefüttert werden, weil es die für den Hund tödliche Aujetzky-Krankheit übertragen kann.

2. Fettes, Süßigkeiten und stark Gewürztes sollten für Hunde generell tabu sein.

3. Rohes Fleisch – auch wenn es schon etwas müffelt – ist für den Hund zwar am leichtesten verdaulich, aber es kann Krankheiten übertragen.

4. Gekochtes Fleisch darf nicht vergammelt verfüttert werden.

5. Ungereinigter Pansen ist durch darin enthaltene Bakterien und Fermente sehr gesund. Wird Pansen gekocht, bleiben darin nur die Grundnährstoffe erhalten.

6. Verwenden Sie möglichst keine Innereien wie Leber und Niere. Sie speichern zu viele Giftstoffe.

7. Gekochtes Fleisch sollte man sparsam mit Jodsalz salzen, rohes Fleisch braucht kein Salz.

8. Ein paar Tropfen kalt gepresstes Distelöl (je nach Größe des Welpen bis zu einem Esslöffel) machen die Mahlzeit leichter verdaulich.

9. Gesäuerte Milchprodukte (Jogurt, Quark, Hüttenkäse) enthalten gesundes Eiweiß, wichtige Bakterien und viel Kalzium (Knochenaufbau!).

10. Fügen Sie dem Futter Mineralkalk-Präparate speziell für Welpen nach Anweisung des Herstellers hinzu. Dosieren Sie keinesfalls höher!

Das große Plus der selbst zubereiteten Kost: Sie ist frisch, enthält auch noch naturbelassene Bestandteile sowie natürliche Vitamine und nicht zuletzt lebende, für die Verdauung wichtige Bakterien.

Erfüllen Sie Hundeträume
Nahrung für die Seele

Sie dürfen Ihren Welpen ruhig nach Strich und Faden verwöhnen: Schmusen Sie mit ihm, erleben Sie gemeinsam tolle Dinge und lassen Sie ihn nicht allein.

„Verwöhnen Sie Ihren Hund!", sagen die einen. „Tun Sie das bloß nicht!", warnen die anderen. Was also? Tun Sie's ruhig. Sie dürfen ihn sogar richtig verwöhnen. Denn die Betonung liegt auf dem Wort „richtig".

Verwöhnen Sie ruhig richtig
Es kommt allein darauf an, womit Sie Ihrem Hund „Gutes" tun: Die Extraportion Futter ist nicht gut. Eine Extraportion Liebe oder ein kleiner Spaziergang zwischendurch sind dagegen echte Renner im Verwöhnprogramm. Einen gesunden Welpen zum kugelrunden, unerzogenen Bettler mit Neigung zum Zwicken und Kläffen verkommen zu lassen, hat eher mit Tierquälerei und nichts mit Tierliebe zu tun. Das versteht man nicht als „Nahrung für die Seele", auch nicht dann, wenn der Hund danach giert, Kekse und Ähnliches zu bekommen.

Gehen Sie auf ihn ein
Gute Pflege fängt schon an, sobald Sie sich Gedanken machen, welche Bedürfnisse der Welpe gerade hat. Beobachten Sie ihn und gehen Sie auf seine Bedürfnisse ein. Suchen Sie das richtige Maß und die optimale Mischung aus Erlebnissen, Spiel, Schlaf, Spazierengehen und Schmusen. Sprechen Sie mit ihm, geben Sie ihm Sicherheit und lassen Sie ihn nicht allein, solange er noch so klein ist. Er dankt es Ihnen, indem er zum treuen Freund wird.

Traumhafter Schlafplatz
Den halben Tag schläft der Welpe, schläft er aber auch gut? Aus der Sicht eines Welpen gehört zu gesundem, wohligem Schlaf ein Platz an der Mama, mit Wurfgeschwistern neben dran, kuschelig und warm. Und jetzt soll er plötzlich Meter weit weg von Ihnen, entfernt von seiner alten und auch von seiner neuen „Mama", mutterseelenallein im Körbchen schlafen? Tun Sie ihm das nicht an.

Geborgenheit an Ihrer Seite
Geben Sie ihm stattdessen Geborgenheit und holen Sie ihn an Ihre Seite, so oft Sie können. Grundsätzlich sollte das Hundelager an einer geschützten, ruhigen Stelle und möglichst nicht direkt neben der Heizung stehen. Zu isoliert, also in einem Nebenraum, soll es auch wieder nicht untergebracht sein.

Dieser Welpe ist noch etwas unsicher. Zum Glück ist sein Herrchen da und gibt ihm Zuspruch.

Auf jeden Fall möchte Ihr Welpe bei Ihnen sein, wenn Sie abends endlich Zeit fürs Nichtstun haben. Akzeptieren Sie, wenn der Welpe lieber unter dem Couchtisch schläft. Dann kann man ihm sein Schlaflager dort einrichten.

Geben Sie ihm einen Korb

Wenn Sie einen Korb wählen, nehmen Sie einen naturbelassenen. Ideal ist ein ganz unlackierter, der nicht mit Billiglack behandelt ist. Und denken Sie beim Kauf daran: Glänzend schön ist meist auch ganz schön giftig! Dennoch wird auch am Bio-Korb nicht geknabbert. Und das müssen Sie Ihrem Welpen klarmachen. Als Einlage sind alte Wolldecken und Schaffelle am besten geeignet. Neue Hundekissen sollten vor Gebrauch gewaschen werden. Sehr behaglich liegt es sich in einem überzogenen Schaumstoffkorb.

DAS wird Ihr Welpe lieben

→ **Miteinander reden** macht den Hund zufrieden, auch wenn er manches nicht so ganz wörtlich versteht. Sprechen Sie ihn oft mit seinem Namen an. Verwenden Sie immer die gleichen Worte für dieselbe Sache, so lernt er Sie schnell verstehen. Etwa „Komm Spielstunde". Bald wird er schon beim Klang dieser Worte begeistert aufspringen.

→ **Miteinander zum Sport:** Gemeinsame Hobbys wie Agility, Breitensport oder Apportieren tun Seele und Körper gut.

→ **Miteinander die Welt erkunden:** Gehen Sie spazieren mit Ihrem Kleinen, anfangs nur kleine Runden um den Block und zu einer Hundespielwiese, später als ausgewachsener Hund darf er sie zu ausgedehnten Wanderungen begleiten.

Tipp

Wenn der Welpe den Korb zerlegt

Aus dem Korb herausgebissene Weidenstückchen sind spitz und können sich im Hals verklemmen. Knabbert er den Korb trotz Ihres Verbots, ersetzen Sie den Korb durch ein Stoffbettchen oder eine simple Decke.

→ **Miteinander in dunkler Nacht:** Alleinsein macht einem Welpen Angst. Er möchte bei Ihnen sein. Stellen Sie sein Körbchen neben Ihr Bett und Ihr Welpe schläft selig bis zum nächsten Morgen, wenn er nicht mal muss.

→ **Miteinander harmonieren:** Wenn Sie ein weitgehend „naturbelassenes Hundemodell" haben, brauchen Sie kaum mehr Pflege als diese obenstehenden Punkte.

Lernen im Spiel! Auch wenn wir Erwachsenen es kaum glauben können: Im Spiel lernt nicht nur Hund fürs Leben.

Keine Angst vorm Impfen
Kleiner Pieks mit großer Wirkung

Manche Hunde lieben ihren Tierarzt, sausen freudig in die Praxis und schnuppern neugierig herum. Bei ihnen sehen Sie von Furcht keine Spur, und das, obwohl im Wartezimmer genug verschüchterte Artgenossen sitzen, die deutlich mehr Angst als Tierarztliebe haben, was auch dem unbefangenen Hund nicht verborgen bleiben kann.

Stimmungsübertragung

Ob Ihr Hund hier gramgebeugt oder fröhlich erwartungsvoll sitzt, hängt nicht nur vom Geschick des Tierarztes, sondern auch von der Rasse und von Ihnen ab. Der Hund spürt nämlich Ihre Furcht und Ihre Erwartungshaltung. Beim Impfen passiert jedoch nichts, was Sie oder Ihren Welpen ängstigen sollte oder könnte. Bleiben Sie also locker.

Welcher Tierarzt darf's denn sein?

Die Spritze ist nur ein kleiner Pieks im Nackenfell, den ein Hund kaum wahrnimmt und den ein halbwegs geübter Tierarzt so überspielt, dass der Hund schnell vergessen hat, dass ihm gerade etwas weh getan hat. Suchen Sie sich eine Praxis aus, in der der Arzt neben Fachkompetenz auch Einfühlungsvermögen in die Psyche des Hundes besitzt und auf ihn eingeht. Fragen Sie andere Hundebesitzer nach Tierärzten in der Umgebung.

→ Es ist wichtig, dass Sie einen Tierarzt finden, den Ihr Hund mag. Sonst kann es sein, dass er den Mediziner nicht an sich heranlässt, wenn er wirklich einmal richtig krank oder verletzt ist.

Zum Impfen mit Pass und Spaß

→ Vergessen Sie nicht, den Impfpass zum Arzt mitzunehmen.
→ Lassen Sie den Welpen im Wartezimmer nur mit Hunden Kontakt aufnehmen, von denen Sie sich vergewissert haben, dass sie nichts Ansteckendes haben, oder behalten Sie Ihren vorsichtshalber auf dem Schoß.
→ Wasser, das im Wartezimmer steht, sollte man den Hund nicht trinken lassen. Vielleicht hat zuvor ein Hund mit einer ansteckenden Krankheit davon getrunken.
→ Fragen Sie nach dem Termin für die nächsten Wurmkuren und nehmen Sie gleich die Paste dafür mit.
→ Decken Sie sich auch mit einem Zecken- und Flohmittel ein.
→ Erkundigen Sie sich vorsorglich nach der Telefonnummer des tierärztlichen Notdienstes (Wochenende und nachts) und schreiben Sie diese zu Ihren wichtigen Telefonnummern.
→ Lassen Sie an den Tagen nach der Impfung für den Welpen alles etwas ruhiger angehen, schließlich soll der kleine Organismus Abwehrstoffe produzieren.

Alle geben sich cool und freundlich. Der Kleine macht sich sein eigenes Bild, ob's beim Tierarzt gefährlich ist oder nicht.

Grundimmunisierung abschließen

Wenn der Welpe zwölf Wochen alt ist, also etwa zwei bis vier Wochen nachdem der Hund zu Ihnen kam, wird der zunächst letzte Impftermin fällig, und den müssen Sie selbst wahrnehmen, während die bisherigen Termine vom Züchter veranlasst wurden.

Die nötigen Impfungen

Der Welpe wird gegen Staupe, Hepatitis, Leptospirose und Parvovirose geimpft. Einige Tierärzte nehmen dann schon Tollwut dazu, andere warten damit noch ein paar Monate, wenn das Wohngebiet zur Zeit nicht tollwutgefährdet ist und keine Auslandsreise oder Hundeausstellung ansteht. Damit ist dann die Grundimmunisierung des Hundes abgeschlossen. Danach müssen Sie erst wieder in einem Jahr oder – je nach Wirksamkeit – nach einem längeren Zeitraum zum Tierarzt, um die Impfungen aufzufrischen, vorausgesetzt der Welpe bleibt gesund und Sie haben sich bei diesem Tierarztbesuch mit Wurmkur und Zeckenmittel eingedeckt.

Untersuchung gibt Sicherheit

Der Tierarzt wird neben dem Allgemeinzustand auch Pfoten, Fell, Haut und die Ohren des Welpen untersuchen. Bei Rüden kontrolliert er, ob schon beide Hoden „abgestiegen" sind. Keine Panik, wenn sie noch nicht im Hodensäckchen sind. Allerdings ist etwa nach dem 8. Monat für Hoden, die noch im Bauchraum sind, kein Durchkommen mehr. Sie sollten demnächst operativ entfernt werden, weil sich bösartige Zellen bilden könnten.

→Impfschutz

Alter	Impfung gegen
6–8 Wochen	Parvovirose, Zwingerhusten
8–10 Wochen	Staupe, Hepatitis (HCC), Leptospirose
10–12 Wochen	Parvovirose, Zwingerhusten
12–14 Wochen	Staupe, Hepatitis (HCC), Tollwut
16 Wochen	Parvovirose
Jährliche Wiederholung	Leptospirose, Parvovirose, Staupe, Hepatitis (HCC), Zwingerhusten, Tollwut

Ist er auch gesund, Ihr Hund?
Krankheiten erkennen

Die besten Chancen auf ein gesundes Hundeleben hat ein junger Rassehund oder Mischling mit gesunder Abstammung und artgerechter Kinderstube, wenn Sie ihn frühestens im Alter von acht Wochen zu sich nehmen.

Mancher ist krank von Anfang an

Ganz anders ist die Situation bei Welpen von der Straße, solchen Urlaubsmitbringseln, die man aus Mitleid aufnimmt oder bei den armen Kerlchen aus Massenfabrikationen und Hundehandel, die man aus Unwissenheit kauft. Oft nur vier bis sechs Wochen alt, kommen diese Babys meist krank und ohne ausreichende Abwehrkräfte zu Ihnen.

Gehen Sie die Checkliste durch

Haben Sie einen Welpen mit einem oder mehreren in der Checkliste aufgeführten Anzeichen, gehört er umgehend in die Hände eines Tierarztes, denn ein krankes Hundekind kann innerhalb kürzester Zeit sterben. An Wochenenden und nachts gibt es einen tierärztlichen Notdienst.

Gelenk-Probleme

Häufig haben schon Junghunde schlimme Gelenkprobleme und gehen lahm. Sie können sich natürlich beim Spielen (Vorsicht auf glatten Böden!) verletzt haben, es kann sich beim Humpeln aber leider auch schon um Schmerzen durch eine sehr schwere Hüftgelenkdeformierung (HD) oder durch falsch ausgebildete Kniegelenke handeln. Auch Wachstumsstörungen kommen vor. Gehen Sie zum Tierarzt.

Pickel auf der Haut

Welpen haben ein empfindliches Bäuchlein, an dem sich leicht kleine Pickel bilden. Schießen Sie nicht gleich mit Kanonen auf Spatzen: Mit Traumeel-Salbe oder Nivea-Creme bekommt man diese Hauterscheinungen meist weg.

> Schreiben Sie sich Fragen an den Tierarzt lieber vorher auf, sonst sind Sie schon wieder draußen, wenn sie Ihnen einfallen.

Bei wilden Spielen kann sich der Kleine verletzen. Auch lange Spaziergänge oder am Fahrrad laufen lassen ist für die noch im Wachstum befindenden Gelenke schädlich.

Ernähren und pflegen

Magen-Darm-Störung

Magen-Darm-Probleme sind ebenfalls nicht selten. Wenn ein properer Welpe bei gutem Allgemeinbefinden mal eine Mahlzeit nicht frisst, spuckt oder auch ein-, zweimal Durchfall hat, geraten Sie nicht gleich in Panik! Das kann vorkommen, schließlich verzehrt ein Welpe beim Erobern seiner Welt auch mal etwas Unrechtes. Geschieht es häufiger, müssen Sie sich Gedanken über mögliche Ursachen machen. Häufige Ursache für Magen-Darm-Probleme ist unverträgliches Futter. Haben Sie vielleicht scharf gewürzte Wurst oder Ähnliches gefüttert? Manche Hunde reagieren auch auf Inhaltsstoffe ihres Futters allergisch.

Vergiftungssymptome

Bei dem Verdacht, dass der Welpe Gift (auch Tabletten, Reinigungsmittel, Insektizide, Dünger) gefressen haben könnte, wenden Sie sich umgehend an Ihren Tierarzt! Für den Welpen kann es lebensrettend sein, wenn Sie den Arzt genau informieren können, was der Hund Giftiges gefressen hat. Nehmen Sie z. B. den Beipackzettel von Medikamenten oder die Flasche Reinigungsmittel mit. Wenn Sie nicht wissen, womit er sich vergiftet hat, kann das Erbrochene hilfreich sein.

Krankheitszeichen

→ **A**bgeschlagenheit, geringe Spiellust
→ **A**ppetitlosigkeit
→ **T**ränende, gerötete Augen
→ **D**urchfall, wiederholt, vielleicht sogar blutig
→ **E**rbrechen, wiederholtes
→ **F**ell: stumpf mit Schuppen und kahlen Stellen
→ **H**ager bei gleichzeitig dickem, aufgetriebenem Bauch (Wurmknäuel!)
→ **H**usten, der klingt, als ob der Kleine etwas im Hals stecken hat
→ **N**ase: verschleimt
→ **O**hrgänge: bräunlich verschmutzt (Milben!)

Ihr Wirbelwind ist schlapp und lustlos und hat keinen Appetit? Dann sollten Sie mit ihm zum Tierarzt.

Verhaltensauffällig

Auch wenn das Allgemeinbefinden des Kleinen vom Normalen abweicht (Abgeschlagenheit, Apathie, große Unruhe, gekrümmte Körperhaltung, Winseln), sollten Sie zum Tierarzt gehen.

Sprachrohr des Welpen

Beim Tierarzt sind Sie die Stimme Ihres Welpen. Ihr Hund ist auf Ihre gute Beobachtungsgabe und auf Ihre genaue Schilderung beim Arzt angewiesen. Wenn Sie den Arzt unzureichend oder falsch informieren, kann das eine falsche Behandlung zur Folge haben!

Ungebetene Gäste im Haus
Zecke, Floh und Co.

Sie wollen einen Hund bei sich aufnehmen, aber nicht gleich eine Horde Flöhe bei sich beherbergen. Auch als Zecken-„Mutterschiff" fühlt sich Ihr Hund nicht wohl. Haarlinge, Milben und noch andere Plagegeister können ihm sehr zu schaffen machen und Ihnen im Übrigen auch. Haben sich Schmarotzer erst einmal eingenistet, können sie eine Menge Ärger bereiten. Dabei lässt sich ein Befall mit etwas terminlicher Sorgfalt ganz verhindern!

> *Ständiges Kratzen des Welpen und kahle Stellen im Fell deuten auf einen Milben- oder Pilzbefall hin, vielleicht auch auf eine Allergie. Lassen Sie das vom Tierarzt abklären.*

Flohzirkus muss nicht sein
Eben hier, nun schon dort, ist kaum da, hüpft er fort. Einen Floh zu erkennen, ist ganz einfach: Er hüpft! Schwierig ist, ihn zu erwischen. Denn er ist schon weg, wenn man das zweite Mal hinguckt. Am ehesten bekommt man ihn zu Gesicht, wenn er auf der Stirn des Hundes kurz aus dem Fell auftaucht. Dann haben Sie gute Chancen, ihn mit entschlossenem „Pinzettengriff" von Zeigefinger und Daumen zu fangen. Zerdrücken lässt er sich nur schwer. Wer's kann, weiß, dass es knacken muss. Wer nicht so geschickt ist, löst den Griff erst unter Wasser.

Flohbefall erkennen und bekämpfen
Schwarze Krümel im Fell, die sich rötlich färben, wenn man sie auf feuchtem Papier zerdrückt, sind Flohkot mit unverdauten Blutresten. Flöhe trinken mehr Blut, als sie verdauen können.

Bei begründetem Verdacht auf Flohbefall kämmen Sie den Kleinen wiederholt sorgfältig mit einem Flohkamm (Zoofachgeschäft). Flöhe haben das ganze Jahr Saison, weil sich der Flohnachwuchs aus Eiern an warmen, verborgenen Plätzen in der Wohnung, in Ställen etc. entwickelt. Der Staubsauger ist der Feind des Flohnachwuchses. Sehr gründliches Saugen mit hoher Saugkraft ist eine unschädliche Waffe gegen Floheier und in Ritzen lauernden Nachwuchs.

Von Hund zu Hund
Für den Sprungkünstler ist die Übersiedlung von Hund zu Hund ein Katzensprung, besser Flohsprung. Und Flöhe können Bandwürmer auf den Hund übertragen. (Regelmäßige Wurmkuren, Kotkontrolle auf Bandwurmglieder im Kot!)

So macht man Zecken weg

Die bläulich schimmernde erbsengroße „Warze", die der Welpe vor kurzem noch nicht hatte, ist eine Zecke! Zeckenzeit ist zirka von März bis Herbst. Hungrige Zecken lauern auf Büschen und im hohen Gras und lassen sich auf geeignete „Tankstellen" fallen bzw. krallen sich an, wenn man daran vorbeistreift. Einmal Volltanken reicht der Zecke fürs ganze Leben. Man kann sie problemlos mit einer Zeckenzange, die es in jedem Zoofachgeschäft zu kaufen gibt, umfassen und herausdrehen.

Schlecht zu greifende Zecken

Zecken, die an Problemstellen wie Augenlid, Penis, im Ohr oder an den Lefzen sitzen, muss man wenigstens so lange Blut trinken lassen (ein paar Stunden), bis ihr Körper eine gut greifbare Größe hat. Wenn sie randvoll getrunken sind, lassen sie sich auch von alleine abfallen. Das ist immer noch besser, als wenn die Zecke beim unsachgemäßen Entfernen zerreißt, der Kopf in der Haut bleibt und dies zu Entzündungen führt.

Öl aufzutupfen ist verkehrt

Vergessen Sie, was Sie womöglich über das Betupfen der Zecke mit Öl, Klebstoff oder ähnlichen Stoffen, die eine Zecke angeblich zum Loslassen bringen, gehört haben. Das löst bei den Zecken Alarm aus und sie spucken, was sie an Giftstoffen in sich tragen, in die Saugwunde. Da sie Hirnhautentzündung und Borreliose übertragen können, sollte man diese Reaktion möglichst nicht provozieren. Inzwischen kann man auch schon gegen Borreliose impfen, doch hier teilen sich die Meinungen der Tierärzte, ob es sinnvoll ist oder nicht.

Beim Spielen können die Flöhe zwar von Hund zu Hund übersiedeln, doch es muss nicht immer gleich Ungeziefer sein, wenn es mal juckt. Vielleicht stört auch nur das Halsband.

Tipp: Kein Flohhalsband!

Schädigen Sie Ihren Welpen nicht mit einem Flohhalsband. Auf jeder Packungsbeilage steht ein Warnhinweis für Eltern, dass Kleinkinder mit dem Giftband nicht in Kontakt kommen sollen. Ihrem Welpen schadet es genauso!

Fellpflege mit Schmuse-Charakter
Kämmen auf die sanfte Tour

Gewöhnen Sie den Welpen schon jetzt an sanfte Körperpflege, dann haben Sie es später viel leichter mit dem Kämmen. Wenn Sie dem Kleinen dabei weh tun, ihn erschrecken oder auch einfach nur seine Geduld überstrapazieren, wird ihm vielleicht das „Herumgezerre" an ihm sehr zuwider werden.

Pflegeleichter Babyplüsch
Welpen haben ein kurzes oder teddyartiges, praktisches Babyfell, das bei sauberen Haltungsbedingungen kaum Pflege braucht. Das Bürsten oder das Striegeln mit einem Gumminoppenhandschuh ist aber als Massage gut, und der Kleine soll sich ja daran gewöhnen. Bei Kurzhaar- und Stockhaarhunden reicht auch später das gelegentliche Bürsten, notfalls sogar regelmäßiges Abrubbeln mit einem Frotteetuch und intensives Kraulen und Streicheln. Für Welpen, die später zu wuscheligen oder wolligen Pelztieren werden, ist die Gewöhnung an die Fellpflege besonders wichtig!

Zum Hundefrisör?
Ob ein Hund zum professionellen Hundefrisör muss, kommt auf die Rasse an. Ein Pudel muss zum Beispiel regelmäßig das Fell in Form gebracht bekommen. Und alle anderen, die ebenso vom Frisör abhängig sind, müssen früh lernen, von fremden Menschen an sich herumarbeiten zu lassen. Kein Hund findet das besonders schön!

Welpen müssen selten baden
Lassen Sie Ihr Hundekind ungebadet erwachsen werden! Jedes Bad schadet dem Welpen und bringt Erkältungsgefahr mit sich. Es sollte eine Notfallmaßnahme bleiben.

Der Kopf darf trocken bleiben
Sollte er sich doch einmal in Aas, einem toten Fisch oder in etwas anderem sehr Stinkigem gewälzt haben, muss er doch gebadet werden. Stellen Sie ihn dazu in eine mit handwarmem Wasser so weit gefüllte Wanne, dass ihm das Wasser bis zum Bauch geht. Übergießen Sie seinen Rücken vorsichtig mit Wasser. Benutzen Sie dazu einen Becher. Der Kopf des Welpen sollte auf alle Fälle trocken bleiben. Verdünnen Sie etwas unparfümiertes Hundeshampoo im Becher und schäumen Sie den Welpen damit ein. Reden Sie wasserscheuen Hunden beruhigend zu und machen Sie aus dem Bad keine Schimpf- und Strafaktion! Spülen Sie sein Fell gründlich nach. Rechnen Sie damit, dass er sich heftig schüttelt und dass Ihnen das Wasser aus dem Fell ordentlich entgegenspritzt. Schnappen Sie sich schnell ein Handtuch und rubbeln Sie den Kleinen danach gründlich ab. Spielen Sie anschließend ein bisschen mit ihm, damit er beim Trocknen nicht fröstelt. Lassen Sie ihn an kalten Tagen erst nach draußen, wenn er durchgetrocknet ist!

➔ *Dreck und Matsch aus dem Garten sind absolut kein Grund, um einen Welpen gleich zu baden! Man spült nur Bauch und Beine ab.*

Körperpflege
Punkt für Punkt

Sollte Ihr Junghund schon Hundefrisör-Kontakte haben, versuchen Sie auch dort zu erreichen, dass er ungebadet verschönt wird.

Gepflegte Ohren
Bohren Sie nicht mit Wattestäbchen oder Ähnlichem im Hundeohr herum! Im Normalfall ist das Ohr selbstreinigend. Bei Milbenbefall, Entzündungen, zu denen schlappohrige Hunde neigen, oder Ohrverletzungen hilft der Tierarzt.

Kurze Krallen und saubere Pfoten
Die spitzen Welpenkrallen werden nach und nach stabiler und laufen sich stumpf. Nur die „Daumenkrallen" an den Vorderpfoten müssen gekürzt werden. Feilen Sie vorsichtig, wenn Ihnen das Schneiden unheimlich ist, oder lassen Sie es den Tierarzt machen. Waschen Sie im Winter das Streusalz von den Pfoten, aber weichen Sie die Pfoten nicht auf!

Geputzte Zähne
Zähne putzt der Welpe durch das Nagen an Kauknochen. Achten Sie beim Zahnwechsel darauf, dass alle Milchzähne ausfallen und die neuen nicht notgedrungen daneben hervorwachsen. Notfalls zieht sie der Tierarzt.

Klare Augen
Gesunde Augen tränen nicht! Wenn Ihr Welpe länger anhaltend tränende Augen hat, klären Sie beim Tierarzt, ob z. B. Wimpern nach innen wachsen. Vielleicht liegt auch eine Allergie vor. Wischen Sie morgens vorsichtig mit dem Finger den inneren Augenwinkel aus, sonst können die Absonderungen zu verklebten Haaren führen.

Der „Schlaf" wird morgens mit einem feuchten Taschentuch aus den Augen gewischt.

Kontrollieren Sie die Ohren nach Verkrustungen. Die Ohrenkontrolle ist bei Schlappohren besonders wichtig.

Zahnkontrolle: Während des Zahnwechsels will der ein oder andere Milchzahn einfach nicht raus!

Und zu guter Letzt die Pfoten: Humpeln ist ein sicheres Zeichen, dass etwas nicht stimmt. Ist die Hornhaut okay?

Kämmen auf die sanfte Tour

Auf einen Blick
Mein Pflegeplan

Ernährungsübersicht

→ **Für die ersten Tage**
Futter, das der Züchter mitgibt

→ **Später**
Welpenfutter höchstens bis zum 7. Monat, nicht für große Rassen, denn je größer der Hund, desto langsamer soll er heranwachsen. Spezialfutter für Junghunde bis der Hund maximal ein Jahr ist.

Napf-Mischung: Einmal am Tag Selbstgekochtes füttern, sonst Qualitäts-Fertignahrung. Zwei Drittel Fleisch oder Fertignahrung, ein Drittel pflanzliche Beimischung (Flocken, Brot, Kartoffeln, Nudeln, Reis), Quark oder Joghurt

Anzahl der Mahlzeiten: Von viermal täglich allmählich auf zweimal reduzieren, bis der Hund ein Jahr alt ist. Nach dem Essen soll er schlafen.

Täglich

Futter- und Wassernapf
Futter- und Wassernapf reinigen. Ihrem Hund sollte immer frisches Wasser zur Verfügung stehen.

Spazieren gehen
Im ersten Jahr fallen die Spaziergänge noch sehr kurz aus, da den Welpengelenken zu viel Belastung nicht gut tut. Allerdings muss er am Anfang noch recht oft vor die Tür, um seine Geschäfte zu verrichten.

Spielerisch erziehen

In diesem Alter lernt der Kleine noch am besten. Bauen Sie immer mal wieder kurze Übungssequenzen ein. Ein kurzes „Sitz", ein spielerisches „Platz" und ein liebevolles „Komm" machen Spaß, fördern den Gehorsam und intensivieren die Mensch-Hund-Beziehung.

Schmusen und spielen
Beschäftigen Sie sich viel mit Ihrem Welpen. Spielen und schmusen Sie mit ihm und zeigen Sie ihm die Welt.

Pflege-Check
Langhaarige Rassen werden täglich gebürstet, bei kurzhaarigen reicht es einmal die Woche. Wischen Sie morgens die Augen aus und suchen Sie Ihren Welpen nach Zecken ab (März bis Oktober).

Wöchentlich

Gesundheitskontrolle
Sind die Ohren sauber? Die Krallen kurz? Die Augen glänzend? Nehmen Sie Ihren Welpen genau unter die Lupe, schauen Sie auch ins Maul und fassen Sie ihn ruhig überall an. Auch das muss er lernen, selbst wenn er anfangs noch etwas zappelt. Kurzhaarige Rassen werden gebürstet.

Wohnungsputz
Je nach Wetterlage werden die Körbe ungefähr alle 8 Tage gereinigt und die Hundedecken gewaschen.

Ab in die Hundeschule
Nutzen Sie die ersten Wochen und besuchen Sie eine Welpenschule. Hier kann Ihr Kleiner seine Sozialkontakte pflegen, mit andere Hunden balgen und allerhand Neues kennen lernen. Trifft man im Freilaufgebiet genügend junge Hunde, ist das auch ideal.

Monatlich

Plagegeister bekämpfen
Tragen Sie im Sommer einmal im Monat ein Zecken- und Flohmittel auf und verabreichen Sie ihm regelmäßig Wurmkuren. Die dafür vorgesehenen Zeitabstände wird Ihnen Ihr Tierarzt mitteilen. Vergessen Sie die Impftermine nicht.

Hundefrisör
Manche Rassen müssen regelmäßig getrimmt werden. Dies geschieht im Abstand von sechs bis acht Wochen. Auch wenn es bei dem kurzen, weichen Welpenfell noch nicht nötig ist, sollte er schon die Umgebung kennen lernen.

Gepflegtes Zubehör
Überprüfen Sie Halsband und Leine nach Beschädigungen. Das Leder freut sich über ein wenig Fett, Nylonutensilien können gewaschen werden. Kontrollieren Sie auch das Spielzeug. Stark beschädigte Gegenstände werden gegen neues Spielzeug ausgetauscht.

Mein Pflegeplan

3

Erziehen & beschäftigen

Die ersten Ausflüge	58
Welpen erziehen	62
Stadtfein muss sein	66

EXTRA

Stubenrein in 8 Schritten 60

Auf einen Blick

Verstehen und erziehen 68

So klein und schon eine Persönlichkeit
Rabauke oder Seelchen?

Bevor der Welpe zu Ihnen kam, hat er schon wichtige Erfahrungen gemacht, die ihn in vieler Hinsicht prägten. Er lernte, dass eine Mutter Nahrung, Wärme und Zuwendung gibt, dass sie geduldig spielt und dass sie manchmal auch sehr entschlossen erzieht. Er erlebte seine Mutter streng, aber nicht nachtragend, da sie gleich nach einer Zurechtweisung wieder mit ihm spielte, als wäre nichts gewesen.

Hinein ins pralle Leben

Auch wenn die eigentliche Prägephase schon vorbei ist, können Hunde in dieser Lebensphase von ihren Erlebnissen noch stark beeindruckt sein. Sie können dies nutzen, um Ihren mit all den wichtigen Situationen vertraut zu machen, die voraussichtlich auf ihn zukommen werden. Lassen Sie ihn daher von Anfang an mit Ihnen zusammen die Welt erkunden.

Jetzt gewöhnt er sich noch am leichtesten an Straßen mit Verkehr, ans Bus fahren, an andere Heimtiere, an Besucher oder an den Briefträger. Es wäre falsch, den Welpen zunächst isoliert heranwachsen zu lassen.

Vorarbeit der Mutter

Schon als Welpe erfuhr der kleine Hund, dass das Leben nicht immer ganz einfach ist und sich „hund" behaupten muss. Er machte zum Beispiel die Erfahrung, dass Geschwister einem die Zitze wegnehmen wollen, an der es besonders gut schmeckt. Er erlebte die Geschwister aber auch als ganz brauchbare Zeitgenossen, an die man sich beim Schlafen kuscheln kann, denen man in den Hals zwicken kann, und die quieken, wenn man ihnen in die Ohren kneift. Er liebte es, welche zu haben, mit denen er herrliche Kampfspiele machen konnte,

➜ *Der Welpe ist ein genauer Beobachter: Er weiß deshalb bald, wovor Sie z. B. unterwegs Angst haben, welche Leute Sie nicht mögen, was Sie aufregt oder freut.*

bei denen er mit etwas Glück und Einsatz auch mal gewonnen hat, bei denen er aber auch oft unten lag und erfuhr, dass er nicht der Stärkste von allen ist. Ein Welpe lernt so, die Möglichkeiten des Rudels zu nutzen und die Grenzen zu akzeptieren. So bildet sich eine Rangordnung, die das friedliche Zusammenleben möglich macht.

Der Mensch kommt ins Spiel

Nicht weniger wichtig waren die Kontakte zum Züchter: Der Welpe prägt sich den Geruch des Menschen ein, verband diesen mit einer freundlichen Stimme und streichelnden Händen. Ein Welpe registriert übrigens durchaus, dass der Mensch „Aua" schreit, wenn ihn spitze Zähnchen herzhaft durch die Socke in die Fußzehe zwicken, und er lernt, dass Menschen vorsichtiger behandelt werden müssen als Mutter und Geschwister.

Für uns lässt er die Mama stehen

Und allmählich kapiert der Welpe noch etwas: Dieser etwas andersartige Partner bringt auch noch die leckersten Sachen herbei! Da muss es nicht wundern, dass die Welpen schon mit etwa sechs bis acht Wochen bei einem guten Züchter so vom Menschen fasziniert sind, dass sie dafür sogar ihre Mama stehen lassen. Die ist darüber nicht besonders unglücklich, denn ihr geht die wilde Bande mehr und mehr auf die Nerven.

Der Welpe will erzogen werden

Problemhunde können entstehen, wenn der Welpe oder Junghund die Erfahrung macht, dass sein Mensch keine Führungsqualitäten besitzt. Für den Welpen muss es von Anfang an ganz selbstverständlich sein, dass seine Menschen den Gang der Dinge bestimmen. Sie entscheiden, wie lange gespielt wird, sie bringen das Futter – und dürfen sich jederzeit zuerst bedienen und es wieder wegnehmen. Sie haben die erste Wahl beim Aussuchen von Ruheplätzen, sie bestimmen unterwegs, wo es langgeht, sie entscheiden, wer freundlich in die Wohnung gelassen wird usw. Und gleichzeitig sind sie liebevolle Partner, mit denen „hund" herrlich schmusen kann. Der Mensch hat nämlich etwas ganz Besonderes: Er hat Hände zum Streicheln, Kraulen und liebevollen Umfassen.

Klar, dass er schnell kommt, wenn es etwas Leckeres gibt.

Rabauke oder Seelchen? | 57

Die ersten Ausflüge ins Grüne
Spazieren im Schongang

Lange Spaziergänge sind für ein Hundekind noch zu anstrengend und sie könnten auch seinen Gelenken schaden. Trotzdem will und muss er hinaus. Schließlich möchte er seine Umgebung erkunden und andere Hunde kennenlernen! Nehmen Sie ihn an die Leine und lassen Sie ihn, mit Ihnen unauffällig im Schlepptau, auf Schnupper- und Beobachtungstour gehen. Je nach Selbstvertrauen wird er sich weiter weg oder nur eine kleine Strecke von zu Hause wegtrauen.

Auf den Fersen
Nutzen Sie seinen Folgetrieb. Nie ist die natürliche Bereitschaft des Hundes, dicht bei Ihnen zu bleiben und hinter Ihnen herzulaufen, so groß wie beim zwei bis vier Monate alten Welpen.

Geben Sie ihm draußen immer auch die Zeit zu schnuppern, zu horchen und zu beobachten: Autos, Kinderwagen, Fahrräder, Vögel, wehende Blätter, andere Menschen, alles ist für ihn neu und sehr interessant.

Nutzen Sie das aus: Gehen Sie in Hundeauslaufgebieten, auf ungefährlichen Wegen ohne Leine mit ihm. Er wird Ihnen eifrig folgen, um Sie bloß nicht zu verlieren. Rufen Sie ihn ab und zu freundlich (!) bei seinem Namen und kauern Sie sich zu ihm hin. Er wird begeistert an Ihnen hochhüpfen.

Wie der Welpe sich schützt
Schon bald werden Sie dem ersten fremden Hund begegnen und vielleicht Angst bekommen, dass Ihr Kleiner gebissen wird. Diese Angst brauchen Sie im Auslaufgebiet mit vielen Hunden nicht zu haben. Die Hunde dort sind Welpen gewohnt. Und ein Welpe beherrscht alle Unterwerfungszeichen bestens und wendet sie schleunigst an, wenn ihm eine Hundebegegnung nicht geheuer ist. Wenn er sein nacktes Bäuchlein nach oben hält, ein paar Tröpfchen verliert und vielleicht gar noch winselt, lässt ihn fast jeder normale Hund, der Welpen gewohnt ist, in Ruhe.

An die Leine bei Angeleinten
Ihr Welpe entwickelt sich hoffentlich durch die regelmäßigen freien Kontakte mit anderen Hunden zu einem verträglichen Typ, der mit anderen Hunden klarkommt. Trotzdem sollten Sie ihn immer anleinen, wenn Ihnen ein angeleinter Hund begegnet. Klären Sie mit ein paar Worten, ob Sie Ihren Welpen loslassen dürfen.

Der kleine Springer Spaniel hat etwas Interessantes entdeckt. Geben Sie ihm Zeit zum Beobachten und locken Sie ihn zu sich, wenn es weitergehen soll.

Es gibt leider viele Hundehalter, die ihrem Hund nie Kontakte zu anderen Hunden ermöglicht haben, und die sich, genau wie ihre Hunde, vor freilaufenden Hunden fürchten.

Sozialverhalten lernt er nebenbei

Welpen brauchen gerade nach der Abgabe durch den Züchter Umgang mit anderen Hunden. Denn in diesen Wochen lernen sie fürs Leben. Was Sie in diesen Wochen versäumen, können Sie später nur mühsam oder gar nicht nachholen. Ihr Welpe erfährt nie wieder auf so tolerante Weise, wie man sich unter Hunden sicher und friedfertig bewegt.

Anders sind die Voraussetzungen, wenn Sie mit Ihrem Welpen einen erwachsenen Hund in dessen Zuhause besuchen: Dort reagieren Hündinnen manchmal sehr ablehnend auf fremde Welpen und können sogar beißen. Rüden sind toleranter, aber auch bei ihnen sollten Sie vorsichtig sein.

→ **Auf dem Spielplatz für junge Hunde**

Suchen Sie auf Hundewiesen, in Hundesportvereinen, Hundeschulen, über den Züchter, vielleicht auch über eine Kleinanzeige im Lokalblättchen Kontakte zu anderen Junghundbesitzern. Verabreden Sie sich. Ihr Welpe und Junghund braucht regelmäßig die Gelegenheit zum Spielen mit anderen jungen Hunden, um ein verlässlicher Erwachsener zu werden, der friedlich mit Artgenossen umgeht. Grundfalsch wäre es, sich zu sagen: Ich lasse den Welpen erst einmal ein paar Monate ohne Hundekontakt aufwachsen, dann ist er schon größer und kommt besser mit anderen Hunden klar. Wenn vom Züchter oder Vereinen „Welpenspieltage" angeboten werden, nutzen Sie sie. Mensch und Hund lernen dort viel! Am meisten lernt der Welpe von den anderen Junghunden. Mischen Sie sich nicht zu oft ein!

EXTRA
Stubenrein in 8 Schritten

Welpen müssen erst lernen, dass die Wiese der richtige Ort ist. Als Baby kauern sich alle Welpen hin, egal ob Rüde oder Hündin.

Beseitigen Sie kleine „Fehlleistungen" stillschweigend und gründlich, damit der Welpe nicht, vom Duft animiert, später genau wieder dort hinmacht.

Er möchte es Ihnen ja recht machen, nur wie? Das muss er lernen, das dauert ein bisschen, aber es wird schon klappen! Ihr Welpe versteht ja noch nicht, was Sie von ihm wollen. Und er weiß auch nicht, wie er Ihnen seinerseits mitteilen kann, dass er mal hinaus muss. Nehmen Sie sich in den ersten Wochen die Zeit, ihn genau zu beobachten. Erkennen Sie, was er Ihnen zu sagen versucht, dann wird er schnell stubenrein.

Schritt 1: Zeigen, wo er darf
Je jünger ein Welpe ist, umso weniger bekommt er mit, was bei ihm „da hinten" gerade los ist. Genau wie ein Menschenbaby braucht er ein gewisses Bewusstsein, um sein Pfützchen an geeigneter Stelle platzieren zu können. Und diese Stelle müssen Sie ihm natürlich zeigen.

Schritt 2: Erkennen Sie, wann er muss
Nach dem Schlafen und Essen muss jeder Welpe schnell zum Lösen nach draußen. Manchmal muss er eine Viertelstunde später schon wieder. Glauben Sie ihm bitte, wenn er Ihnen das durch Unruhe, durch Umhersuchen und durch einen verinnerlichten Gesichtsausdruck mitteilt. Wenn der Kleine mit der Nase am Boden suchend umherläuft, vielleicht sogar noch breitbeiniger als sonst, dann plant er sicher Geschäftliches.

Schritt 3: Beeilen Sie sich
Jetzt müssen Sie sehr schnell reagieren. Am besten nehmen Sie ihn, während Sie nach dem Hausschlüssel suchen oder in Ihre Schuhe steigen, auf den Arm. So dichten Sie ihn erst einmal für kurze Zeit ab, denn in solcher Lebenslage macht kein Welpe etwas.

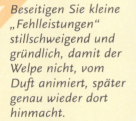

Schritt 4: Loben Sie ihn

Loben Sie ihn auch unterwegs für seine Pipis und Würstchen und nennen Sie diese wichtigen Produkte ruhig beim Namen: „Feines Pipi, Paddy, fein!" Dann wird er Ihnen zuliebe bald auch Pipis auf Ihre Aufforderung hin machen.

Schritt 7: Gehen Sie vorsorglich raus

Kurz vor dem Schlafengehen geht's noch mal hinaus. Dann kann er schon mit einem Vierteljahr nachts durchhalten. Und sollte er müssen, merken Sie das, wenn er unruhig wird.

Wer spielt, vergisst schnell, dass er mal muss.

Schritt 5: Überfordern Sie ihn nicht

Bringen Sie ihn freundlich und geduldig immer dann zu seinem Löseplatz, wenn Sie meinen, er könnte mal müssen. Reden Sie ihm gut zu, loben Sie ihn überschwänglich, wenn es wirklich klappt, und streicheln Sie ihn anerkennend. Beachten Sie, welche Plätze er selbst für seine Geschäfte aussucht.

Schritt 6: Bleiben Sie eine Weile draußen

Wenn Sie ihn jeweils sofort nach seinen Geschäften wieder schnappen und in die Wohnung tragen, kann das schlaue Kerlchen schnell daraus lernen, dass es lieber erst mal nichts machen sollte, wenn es noch draußen bleiben möchte. Unterschätzen Sie die Intelligenz Ihres kleinen Hundes nicht! Lassen Sie ihm ein bisschen Zeit zum Schnuppern, denn Spaziergänge sind nicht nur zum Pipimachen gedacht.

Schritt 8: Ein Nein genügt

Wenn Sie ihn beim Lösen an unerwünschter Stelle erwischen, nehmen Sie ihn mit einem „Nein" hoch und tragen Sie ihn dorthin, wo er darf. Ist ihm vor Schreck nicht alles vergangen und er beendet sein Geschäft, wird er natürlich wieder sehr gelobt.
Das früher empfohlene „Schnauze-in-die-Pfütze"-Stecken ist Tierquälerei und schüchtert Ihren Welpen nur ein. Er lernt dadurch auf gar keinen Fall schneller, wo der richtige Platz ist.

Das ist mein Revier

Mit einem halben Jahr beginnen Rüden allmählich, ihr Bein zu heben, und das auf jedem Spaziergang viele Male: Parkbänke, Zaunpfeiler, Obstkisten vor dem Geschäft, auch Menschenbeine halten sie schon mal für gute Plätze für ihre wichtigen Düfte! Verbieten können Sie Ihrem Hundejungen diese Informationspinkelei nicht, aber beeinflussen Sie ihn bei der Wahl der Ziele.

Stubenrein in 8 Schritten

Kleine Erziehungsgrundsätze
Lieben, loben, locker bleiben

Eines der häufigsten Wörter, die ein Hund in seinem jungen Leben zu hören bekommt, ist „Nein!".

→ *In Stress und Angst kann niemand gut lernen, auch kein Hund. Deshalb lernt Ihr Hund auch besser und williger, wenn Sie für ein angenehmes „Lernklima" sorgen.*

Jeder Welpe muss erzogen werden. Ob Ihr Hund gerne folgt oder lieber selbst den Ton angibt, merken Sie schnell. Spätestens in den ersten Tagen des Zusammenlebens gewinnen Sie einen Einblick in seinen Charakter. Ist er ein Sensibelchen und möchte alles richtig machen, oder hat er seinen eigenen Kopf? Reagiert er willig auf das erste „Nein!"? Ignoriert er es? Testet er auch noch nach dem zehnten „Nein", ob Sie es wirklich so gemeint haben?

Warten können
Welpen, die sich als akzeptiertes Rudelmitglied in ihrer Menschenfamilie fühlen, entwickeln ganz selten Zerstörungsgelüste, wenn ihre Menschen mal nicht da sind: Sie verdösen die meiste Zeit.
Ganz wichtig ist, dass sich der Welpe in seiner Umgebung absolut sicher und geborgen fühlt, bevor Sie ihn das erste Mal für kurze Zeit allein lassen. Testen Sie seine Reaktion, indem Sie wie selbstverständlich den Müll runterbringen oder zu Ihrem Auto gehen.

Nicht schon vorher trösten
Welpen bringen eine sehr unterschiedliche Bereitschaft mit, allein zu bleiben: Einige akzeptieren es schon nach wenigen Tagen, andere brauchen viele Wochen, bis sie damit zurechtkommen. Haben Sie Geduld und überfordern Sie Ihren Welpen nicht: Ist er erst einmal in Panik geraten, haben Sie es danach viel schwerer.
Machen Sie kein großes Aufheben aus Ihrem Weggehen und trösten Sie den Kleinen auf gar keinen Fall schon vorneweg! Dadurch käme auch der dümmste Welpe auf den Gedanken, dass Ihr Weggehen etwas Schlimmes sein müsse. Für Ihren Welpen ist ganz wichtig, dass er nach diesen kurzen Momenten des Alleinseins die Erfahrung macht: Meine Leute kommen immer wieder und sie nehmen die Sache völlig locker.

Begrüßen Sie ihn immer freundlich

Begrüßen Sie ihn immer freundlich, wenn Sie wieder nach Hause kommen, auch, wenn er inzwischen frustriert einiges angerichtet haben sollte. Schimpfen würde er in seiner Hunde-Denkart sowieso nur mit Ihrer Rückkehr in Zusammenhang bringen, nicht mit seinem „Vergehen".
Lassen Sie ihn in einem für ihn gemütlichen Bereich auf Sie warten. Sperren Sie ihn nicht etwa in den Keller, ins Bad oder an einen ähnlich sträflichen Ort!

Allein im Auto

Das kurzzeitige Alleinsein kann man mit Hunden gut im Auto üben: Das Auto ist ein überschaubarer, vertrauter Raum, von dem aus es etwas zu sehen gibt. Wenn der Mensch dann schnell Brötchen holen geht oder die Tochter in den Kindergarten bringt und sein Hund ihn beim Weggehen und gleich darauf beim Wiederkommen beobachten kann, warten die meisten Welpen völlig problemlos.

Besuchen Sie eine Hundeschule!

Damit der Hund ein angenehmer Begleiter wird, ist es nötig, ihn ordentlich zu erziehen. Das gilt auch für kleine Hunde. Die Hundevereine bieten schon für Welpen Übungs- und Spielzeiten an. In der Gruppe übt es sich angenehm und leicht, wenn man einen geeigneten Lehrer hat. Hundeausbilder kann sich jeder nennen; seien Sie also kritisch und suchen Sie sich einen Ausbilder als Hilfe, dessen Erziehungsstil Ihnen liegt. Haben Sie den Mut, sich zu erkundigen, wie er seine Hundeerfahrungen gemacht hat.

Tipp
Wer erzieht hier wen?
Vergessen Sie in den ersten Tagen bitte nie: Nicht nur Sie wollen aus Ihrem Welpen einen gut erzogenen Hund machen, auch Ihr Welpe setzt alles daran, Sie so hinzubekommen, wie er Sie gerne hätte. Und er ist ein Naturtalent im Erziehen von Menschen.

Bleiben Sie nicht in einer Welpenspielgruppe, wenn dort jeder Welpe machen darf, was er will, denn dann werden schwache und ängstliche Welpen oft von robusten Draufgängern schikaniert. Spielgruppen brauchen die richtige Zusammensetzung und pädagogische Anleitung.

Besuchen Sie eine Welpenspielgruppe. Hier lernt Ihr Welpe viele andere Hunde und Menschen kennen.

Lieben, loben, locker bleiben

Was Welpen können müssen
Sitz, Platz, Komm und Bleib

Vernünftig an der Leine zu gehen, ist gar nicht so einfach. Sobald der Hund zieht, bleiben Sie stehen. Es geht erst weiter, wenn die Leine locker ist.

3 Dinge braucht der Welpe
Wie lernt der Hund? Durch Beobachten, aus Erfahrungen und durch seinen prinzipiellen Lernwillen. Er speichert ab, was er sieht, er meidet, was weh tut oder Angst macht. Er macht und sucht das, was Spaß bringt und guttut. Natürlich ist der eine Hund für manches geeigneter, bringt doch jeder je nach Rasse andere Fähigkeiten mit.

Rudelchef Mensch
Schon bei der Mutter und den Geschwistern lernt der Welpe sich unterzuordnen. Normalerweise bringt jeder Welpe die Bereitschaft mit, sich dem Menschen unterzuordnen und ihm zu folgen.

An der Leine
Welpen müssen sich ganz schön konzentrieren, um vernünftig an der Leine zu gehen. In der ersten Zeit sollte die lockere Leine nur als Sicherheitsleine dienen, die den Welpen vor Gefahren (Straßenverkehr, Stacheldraht, Pferden usw.) schützt. Normalerweise rennt der Welpe ohnehin hinter Ihnen her. Als gut erzogener Hund tut er das auch später noch, wenn er erwachsen ist. Und wenn er doch an der Leine zieht, bleiben Sie einfach stehen oder ändern plötzlich die Richtung oder lassen ihn „Sitz!" üben, damit er sich wieder auf Sie konzentriert. Geht er wieder brav neben Ihnen her, wird er gelobt und belohnt.

Sitz
Dieses Signal ist kurz und knapp, das kann der Welpe lernen. Lange Sätze wie „Jetzt setz dich doch endlich mal hin!" sind für ihn völlig unverständlich. Mit dem Signal „Sitz!" in Verbindung mit einem Leckerchen, das Sie ihm hoch über die Nase halten, lernt Ihr Welpe automatisch, sich brav zu setzen, später dann auch ohne Leckerchen.

„Sitz", „Platz" und „Komm" sollte jeder Hund beherrschen. Üben Sie immer mal wieder zwischendurch und loben und belohnen Sie Ihren Welpen, wenn er es richtig macht.

Platz

Halten Sie das Leckerchen in der Hand knapp über den Boden und ziehen Sie es ein Stückchen vom Welpen weg. Der Kleine will das Leckerchen erreichen und wird sich klein und lang machen und dabei automatisch ins Platz sinken. In dem Moment sagen Sie Platz, loben ihn und er bekommt sein Leckerchen.

Komm

Bei „Komm!" gab's beim Züchter Futter. So wird er sich eilig auf den Weg machen, wenn Sie „Komm" und seinem Namen rufen. Loben Sie ihn, anfangs verbunden mit einem kleinen Häppchen, wenn er angeflitzt kommt. Bauen Sie die Übung immer mal wieder in Ihre Spaziergänge ein.

Bleib

Der Welpe soll eigentlich lernen, so lange sitzen oder liegen zu bleiben, bis Sie ihn mit „Lauf" freigeben. Am Anfang muss er seine Aufgabe nur ganz kurz ausführen, bis er freigegeben wird. Dann wird die Zeit und die Entfernung, in der Sie sich befinden, vorsichtig gesteigert. Eventuell brauchen Sie eine zweite Person, die Ihnen hilft.

→ *Die häufigsten Erziehungsfehler*

→ **1. Falsch schimpfen**
Schimpfen Sie nicht, wenn der Hund kommt, sondern wenn er gerade wegläuft. Denn ein Hund verknüpft das Schimpfen mit dem, was er gerade tut, und das ist das Kommen! So wird er das nächste Mal nur ungern und vielleicht nur auf dem Bauch kriechend kommen. Also immer freundlich bleiben, wenn er kommt!

→ **2. Nicht durchsetzen**
Rufen Sie den jungen Hund nur dann, wenn er sowieso schon kommt oder gute Aussichten bestehen, dass er reagieren wird. Üben Sie „Komm" ruhig an der Leine, dann können Sie Ihrem Signal notfalls etwas Nachdruck verleihen.

→ **3. Loben ohne Grund**
Wenn Sie loben, dann bitte aus tiefster Überzeugung und ehrlicher Freude. Hunde hören „falsche" Töne sofort und bekommen eine falsche Botschaft. Wenn Sie „Nein" sagen, setzen Sie es konsequent durch und loben nur, wenn er wirklich folgt.

→ **4. Hinterherlaufen**
Rennen Sie nicht hinter ihm her. Wenn einer folgt, dann ER! Achten Sie darauf, dass er keine Kinder, Jogger oder Radfahrer jagt.

→ **5. Diese Strafen sind tabu**
Stachel-, Würge- und Elektrohalsbänder, schreien oder hauen, all das schadet dem Hund. Das Vertrauensverhältnis wird zerstört und oft versteht er gar nicht, was er falsch gemacht hat.

Rücksicht nehmen, Freiheit geben
Stadtfein muss sein!

Selbst Robinson wäre auf seiner einsamen Insel nicht gerne in ein Hundehäufchen getreten. Aber der musste nur auf sich selbst Rücksicht nehmen. Wir, die zum Teil in einer dicht besiedelten Umwelt leben, müssen zwangsläufig ein paar Regeln beachten. Sonst ist der Ärger schon vorprogrammiert. Ihr Welpe, der sich ja zu einem Mitmachertyp entwickeln soll, wird die

Welpe und Pferd begegnen sich noch vorsichtig. Schließlich muss man das andere Lebewesen erst kennenlernen.

verschiedenartigsten Kontakte haben: Mit Menschen, anderen Haustieren, Wild, mit Parkanlagen, Gaststätten usw. Damit Sie den Kleinen, wenn er groß ist, nicht mehr und mehr zu Hause lassen müssen, „weil es sonst doch nur Ärger gibt!", ist die Erziehung zum umweltverträglichen Hund von Anfang an sehr ernst zu nehmen. Denn: Was Hänschen nicht lernt...

Freundlich zu anderen Menschen

Gewöhnen Sie den Welpen an freundliche Berührungen von hundebegeisterten Fremden. Seien Sie nicht etwa noch stolz darauf, wenn Ihr Hund sich nur von Ihnen anfassen lässt! Denn Ihr Hund kommt immer wieder in Situationen, wo ihn Fremde, oft auch Kinder, spontan streicheln. Er darf dann auf gar keinen Fall zuschnappen!

Der stürmische Begrüßer-Typ

Haben Sie allerdings einen Welpen, der jeden Fremden freudig anspringt und Kleinkindern stürmisch das Gesicht leckt, dann müssen Sie ihm das abgewöhnen, sonst ist späterer Ärger vorprogrammiert. Nehmen Sie ihn an die Leine oder lenken Sie ihn mit einem Spiel ab. Ist er von Ihnen ein Stück weg und näher an den „Opfern" als Sie und reagiert er auf Ihr (natürlich sehr freundliches Rufen) nicht, können Sie es noch mit Wegrennen versuchen. Wenn der Kleine das mitbekommt, wird er eilig hinter Ihnen hersausen. Hat er aber gar kein Auge mehr für Sie, wird er leider seinen ach so lieb gemeinten Überfall durchführen. Auch wenn das vielen Haltern offenbar sehr schwerfällt: Entschuldigen Sie sich bitte bei den Überfallenen und berichten Sie, dass Sie sich sehr bemühen, Ihre Erziehung aber noch in den Kinderschuhen steckt.

Erziehen und beschäftigen

Jagdeifer besser direkt bremsen

Sehr wichtig ist es, dass unser Welpe lernt, die Enten im Stadtpark genauso wie die wilden Kaninchen unbeachtet zu lassen. Die Rehe im Wald darf er auch nicht verfolgen und Nachbars Katze hat er gefälligst in Ruhe zu lassen. Das Gleiche gilt auch für Jogger und Radfahrer. Bringen Sie Ihrem eifrigen Jagdgehilfen bei, dass sich diese Exemplare ungejagt durch den Park bewegen dürfen, ohne dass er an ihren Fersen klebt. Wenn Ihr „Nein!" beim frei mitlaufenden Welpen nicht wirkt, dann üben Sie mit Schleppleine, damit Sie Ihrem Befehl Nachdruck verleihen können. Vergessen Sie das Loben nicht, auch wenn sich der Erfolg nur mühsam einstellt.

Bedenken Sie: Ihr Einfluss auf den Welpen ist umso größer, je dichter er bei Ihnen ist. Deshalb: Wehren Sie den Anfängen.

Geschäftliches: Greifen Sie zu

Nicht jeder Welpe deponiert die viel diskutierten Hundehaufen an geeigneter Stelle, oft lässt ihm die Leine oder die Umgebung auch gar nicht die Möglichkeit dazu. Rüsten Sie sich deshalb für die Nachsorge. Bis zur Schäferhundgröße tut es eine Plastik-Frühstückstüte oder ein schwarzer Gassi-Beutel: Hand hinein, das warme, weiche Produkt gegen alle inneren Widerstände greifen, Tüte mit der anderen Hand darüberstreifen – und staunen, dass entgegen allen Befürchtungen die Hände absolut sauber bleiben!

Bei Hunderiesen ist unsere Hand leider als „umfassendes" Greiforgan etwas zu klein geraten. Zwei Tüten braucht man da schon. Es gibt auch verschiedenartige käufliche Kotgreifer; die meisten sind leider schon als Leergut recht sperrig. Wenn Sie aber lieber ein Pappschäufelchen benutzen, weil Ihnen das Direkte, Handgreifliche zuwider ist, dann finden Sie im Zoofachhandel das Richtige. Werfen Sie die Tüte schließlich in einen Mülleimer für Restmüll, notfalls nehmen Sie sie mit und entsorgen sie zu Hause.

Ist Ihr Hund auch ein stürmischer Begrüßer-Typ? Bringen Sie ihm bei, dass sich Anspringen nicht gehört, weil es oft Ärger gibt.

Bei allem Lernen: Ein bisschen Freizeit mit dem Hundekumpel muss sein.

Stadtfein muss sein!

Auf einen Blick
Verstehen und erziehen

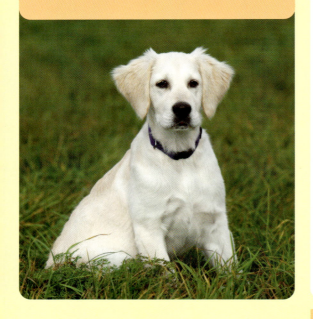

Die ersten Ausflüge

→ Machen Sie keine zu langen Spaziergänge.
→ Lassen Sie den Junghund nicht neben dem Rad herlaufen.
→ Gesunde Junghunde brauchen auch bei Kälte und Regen keine Schutzkleidung. Man muss sie nur in Bewegung halten und darf nicht zu lange draußen bleiben.
→ Rubbeln Sie den Hund nach dem Regenspaziergang mit einem Frotteetuch gründlich trocken.
→ Lassen Sie ihn nicht im Kalten nass warten.

Entwicklungsphasen

nach Eberhard Trumler

1. und 2. Woche:	Vegetative Phase
3. Woche:	Übergangsphase
4. bis 8. Woche:	Prägungsphase
8. bis 12. Woche:	Sozialisierungsphase
12. bis 18. Woche:	Umweltsozialisation
13. bis 16. Woche:	Rangordnungsphase
5. bis 6. Monat:	Rudelordnungsphase
6. bis 18. Monat:	Pubertät/ Geschlechtsreife
18. Monat bis ca 3. Jahre:	Erwachsenwerden

Stressfrei unter Leute

So kommen Sie mit Hund in der Öffentlichkeit bestens zurecht
- → Benimm lernen in einer guten Hundeschule
- → Zum Menschenfreund erziehen
- → Unterwegs Leinenpflicht beachten
- → Häufchen entsorgen
- → Jagdeifer bremsen
- → Keine Leute anspringen lassen
- → Anleinen, wo viele Menschen sind

Hundesport ist IN

Wenn Ihr Welpe ein Jahr alt ist und gesunde Hüften hat, steht dem Wunsch nach Hundesport nichts entgegen. Die Jugend begeistert sich am meisten für Team-Test (Grundausbildung), Agility (Parcours-Lauf), Dog-Dancing (mit Musik), Dog-Frisbee (werfen und fangen), Vielseitigkeit und Obedience, Turnierhunde-Sport, Fly-Ball (Mannschaftssport) – oder im Winter für Schlittenhundesport oder Ski-Jöring (mit Ski hinterher). Weitere Infos finden Sie auf der Internetseite vom Deutschen Verband der Gebrauchshundevereine: www.dvg-hundesport.de oder vom Deutschen Hundesport Verband: www.dhv-hundesport.de .

Worte zum Alltag

Der Name Ihres Hundes – Er merkt auf, wartet, was Sie von ihm wollen.
Komm! Hier! – Er kommt herbei.
Halt! Stop! Steh! – Er hält inne, wartet.
Sitz! Platz! Bleib! – Er setzt sich, legt sich, rührt sich nicht von der Stelle.
Fuß! Er steht oder geht neben Ihnen.
Warte! Er bleibt und wartet, bis Sie zurück sind oder neuen Befehl geben.
Mach Pipi! – Hier pinkeln, Häufchen machen.
Braaaav! – Balsam für die Hundeseele.

Bildnachweis

Die Farbfotos wurden von Ulrike Schanz extra für dieses Buch aufgenommen. Weitere Farbfotos sind von Juniors Bildarchiv (1; S. 4 l.), Sabine Stuewer (1; S. 40) und Sabine Stuewer/KOSMOS (4; S. 66, 67 alle drei).

Impressum

Umschlaggestaltung von eStudio Calamar unter Verwendung eines Farbfotos von Juniors Bildarchiv (Titelmotiv) und einer weiteren Aufnahme von Ulrike Schanz.

Mit 134 Farbfotos.

Bibliografische Information Der Deutschen Nationalbibliothek
Die Deutsche Nationalbibliothek verzeichnet diese Publikation in der Deutschen Nationalbibliografie; detaillierte bibliografische Daten sind im Internet über http://dnb.ddb.de abrufbar.

Gedruckt auf chlorfrei gebleichtem Papier

© 2007, Franckh-Kosmos Verlags-GmbH & Co. KG, Stuttgart
Alle Rechte vorbehalten
ISBN 978-3-440-10386-9
Redaktion: Alice Rieger
Textredaktion: Isabella Lauer
Gestaltungskonzept: solutioncube GmbH, Reutlingen
Gestaltung & Satz: Atelier Krohmer, Dettingen/Erms
Produktion: Kirsten Raue / Eva Schmidt
Printed in Germany / Imprimé en Allemagne

Alle Angaben in diesem Buch erfolgen nach bestem Wissen und Gewissen. Sorgfalt bei der Umsetzung ist indes dennoch geboten.
Der Verlag und die Autorin übernehmen keinerlei Haftung für Personen-, Sach- oder Vermögensschäden, die aus der Anwendung der vorgestellten Materialien und Methoden entstehen könnten.

Informationen senden wir Ihnen gerne zu

Bücher · Kalender · DVD/CD-ROM
Experimentierkästen · Kinder- und Erwachsenenspiele

Natur · Garten · Essen & Trinken
Astronomie · Hunde & Heimtiere
Pferde & Reiten · Tauchen
Angeln & Jagd · Golf
Eisenbahn & Nutzfahrzeuge
Kinderbücher

Postfach 10 60 11
D-70049 Stuttgart
TELEFON +49 (0)711-2191-0
FAX +49 (0)711-2191-422
WEB www.kosmos.de
E-MAIL info@kosmos.de

Register

Ahnentafel 24
Alleinfuttermittel 37
Alleinsein 28, 43
Allergie 10, 38
Alltag 28 f., 69
Anzeigen 16
Aufzucht 18
Augen 49, 51 ff.
Auslauf 19
Auswahl 7 ff.
Auto 63

Baden 50
Bandwürmer 48
Bedürfnisse 42
Begrüßung 1, 22, 63, 66
Beißen 3
Beschäftigung 55 ff.
Bewegung 9
Bleib 64 f.
Bürsten 31, 50, 52

Decke 24, 43, 53
Dosenfutter 36
Durchsetzen 65

Eingewöhnen 7 ff., 28 f.
Entwicklungsphasen 68
Ergänzungsfutter 38
Erlebniswelt 21
Ernährung 33 ff., 52
Erziehung 52, 55 ff., 66, 68 f.
Erziehungsfehler 65
Erziehungsgrundsätze 62 f.

Familienhund 13 ff.
Fangen 2
Fellpflege 50 f.
Fertigfutter 38 f.
Fertignahrung 36
Feuchtigkeit 38
Fleisch 38, 40
Flöhe 48 f., 53
Flohhalsband 49
Folgetrieb 58

Fressen 31
Futter 24 f., 36
Futtermenge 37
Füttern 34

Garten 10, 23 f., 29 f.
Geborgenheit 42 f.
Gefahren 23
Gelenke 38, 46, 58
Geschwister 36, 56
Gesetze 11
Gesundheit 53
Graben 3
Grundausstattung 30 f.
Grundimmunisierung 45

Halsband 31, 53
Handel 16
HD 46
Heimfahrt 24
Hundeetikette 28
Hundeflocken 39
Hundefrisör 50, 53
Hundehaufen 67, 69
Hundekontakte 28, 59
Hundeschule 27, 63, 69
Hundesitter 11
Hundesport 43, 69
Hündin 13

Impfen 20, 29, 44 f., 53
Impfpass 21, 24, 44
Impfschutz 45

Jagdeifer 67, 69
Junior 39

Kaufvertrag 21, 24
Kauknochen 35
Kennenlernen 20
Kinder 9, 14 f., 17, 26 f.
Kleidung 22
Knabbern 28, 43
Kochen 40 f.
Komm 64 f.
Kontakte 66
Korb 25, 28 ff., 43, 53

Körperpflege 51
Kosten 9
Krallen 51, 53
Krankheiten 41, 45 ff.
Krankheitszeichen 47

Leckerchen 64
Leine 53, 58, 64, 69
Liebe 22, 42
Lob 61, 65

Magen-Darm-Probleme 47
Mahlzeiten 34, 52
Markieren 61
Menschenfreunde 15
Menschenkontakt 16 f.
Mineralstoffe 39
Mischling 12, 21
Modehund 15 f.

Nachbarschaft 10
Napf 52

Ohren 47, 49, 51, 53

Pflanzenkost 35, 38
Pflege 33 ff., 42
Pflegeplan 52 f.
Pfoten 51
Pickel 46
Platz 64 f.
Prägephase 20, 56
Problemhunde 17, 57
Pubertät 36

Rassehund 12, 18
Rassen 37
Raufen 1
Reden 29, 43
Retriever 13, 15
Rüde 13
Rudeltier 28

Schimpfen 65
Schlafen 1, 29, 43, 60
Schlafplatz 42
Schmusen 52, 57
Schnuppern 61
Schweinefleisch 41
Sicherheit 42
Sitz 64
Sozialverhalten 59
Spazieren 2, 29, 31, 42 f., 46, 52, 58 f., 61, 68

Spielen 1, 25, 27 ff., 46, 52
Spielregeln 27
Spielzeug 23, 25, 27, 29, 53
Springen 1, 27
Strafe 65
Stress 69
Stubenreinheit 60 f.

Tierarzt 16 f., 44 f., 48, 51, 53
Tierheim 17
Tierische Nebenprodukte 39
Treppen 23, 30
Tricks 27
Trockenfutter 36, 39
Trösten 62

Umgebung 12, 58
Umwelt 1, 16, 19, 66
Unterlegenheit 3
Unterordnen 64
Untersuchung 45
Unterwerfung 58
Urlaub 11, 22

VDH 17, 21
Verantwortung 17
Vergiftung 35, 47
Verhaltensauffälligkeiten 47
Versicherung 31
Verständnis 8, 68
Vertrauen 8 f., 22
Verwöhnen 42

Wachhund 14, 17
Wachstum 40
Warten 62
Wasser 34, 44, 52
Welpenfutter 37, 39, 52
Welpentest 13
Wesenstest 24
Wurfabnahme 21
Wurmbefall 19
Wurmkur 20, 44, 48, 53

Zähne 51
Zahnwechsel 35, 51
Zecken 48 f., 52 f.
Zeckenmittel 44
Zeit 8, 11, 22 f.
Züchter 16 f., 18 ff., 24, 57
Zuwendung 8

Register | 71

Meine Serviceseite

Internet

www.hundund.de
Alles rund um den Hund: Viele Infos über Rassen, Haltung, Pflege, Urlaub und Erziehung.

www.urlaub-mit-hund.de
Sie wollen mit Hund verreisen? Hier finden Sie Urlaubsorte, Ferienwohnungen und vieles mehr.

www.hundeforum.net
Hier können Sie sich mit anderen Hundehaltern und Hundefreunden austauschen.

Zum Weiterlesen

Blenski, Christiane: **Hunde erziehen, ganz entspannt.** KOSMOS 2005.

Fichtlmeier, Anton: **Grunderziehung für Welpen.** KOSMOS 2005.

Gerling, Kerstin und Kai: **Das verflixte erste Hundejahr.** KOSMOS 2006.

Harries, Brigitte: **Warum lässt mein Hund mich nicht aufs Sofa?** Kompetente Antworten für ratlose Hundebesitzer. KOSMOS 2005.

Hoefs, Nicole und Petra Führmann: **Das neue KOSMOS-Erziehungsprogramm für Hunde.** KOSMOS 2006.

Krämer, Eva-Maria: **Der neue KOSMOS-Hundeführer.** KOSMOS 2002.

Krämer, Eva-Maria: **Hunde, die besten Freunde.** Rassen, Haltung, Erziehung und Beschäftigung. KOSMOS 2006.

Lübbe-Scheuermann, Perdita und Frauke Loup: **Unser Welpe.** Auswahl und Eingewöhnung, Haltung, Pflege und Ernährung, Sozialisierung, Erziehung und Beschäftigung. KOSMOS 2006.

Schöning, Dr. Barbara: **Hundeverhalten.** Verhalten und Körpersprache verstehen; Welpenentwicklung optimal fördern; Probleme vermeiden. KOSMOS 2001.

Theby, Viviane: **Das KOSMOS-Welpenbuch.** Entwicklung und Auswahl, Eingewöhnung und Welpenschule. KOSMOS 2004.

Theby, Viviane: **Verstehe deinen Hund.** Kommunikationstraining für Hundehalter. KOSMOS 2006.

Whitehead, Sarah: **Das Hundebuch für Kids.** KOSMOS 2002.